特色学校聚焦丛书　丛书主编　杨四耕

美好教育
学校内涵发展的循证研究

张晓明◎著

华东师范大学出版社
·上海·

图书在版编目(CIP)数据

美好教育：学校内涵发展的循证研究/张晓明著.—上海：
华东师范大学出版社，2020
(特色学校聚焦丛书)
ISBN 978 - 7 - 5760 - 0866 - 1

Ⅰ.①美… Ⅱ.①张… Ⅲ.①初中－中学教育－研究
Ⅳ.①G63

中国版本图书馆 CIP 数据核字(2020)第 186140 号

特色学校聚焦丛书

美好教育：学校内涵发展的循证研究

丛书主编　杨四耕
著　　者　张晓明
责任编辑　刘　佳
项目编辑　林青荻
特约审读　陈成江
责任校对　潘　宁　时东明
装帧设计　卢晓红

出版发行　华东师范大学出版社
社　　址　上海市中山北路 3663 号　邮编 200062
网　　址　www.ecnupress.com.cn
电　　话　021 - 60821666　行政传真 021 - 62572105
客服电话　021 - 62865537　门市(邮购)电话 021 - 62869887
地　　址　上海市中山北路 3663 号华东师范大学校内先锋路口
网　　店　http://hdsdcbs.tmall.com

印 刷 者　浙江临安曙光印务有限公司
开　　本　787×1092　16 开
印　　张　11.25
字　　数　164 千字
版　　次　2021 年 3 月第 1 版
印　　次　2021 年 3 月第 1 次
书　　号　ISBN 978 - 7 - 5760 - 0866 - 1
定　　价　34.00 元

出 版 人　王　焰

好学校的性格色彩

这些年,我与中小学、幼儿园有许多"亲密接触"。从这些学校中,我发现了一个"秘密":好学校总有自己的性格色彩,总有自己的精神属性。

好学校有丰富的颜色

好学校一年四季都有风景。春天,你走进它,有各色花儿,红的像火,粉的像霞,白的像雪。夏天,你置身其中,绿草茵茵,就算骄阳似火,也有阴凉。孩子们可以踢球、打滚,可以任性。秋天,你老远就可以看到,枫叶红了,橘子黄了,婀娜多姿;冬天,你靠近它,香樟绿环绕着你,垂柳枝笼罩着你,你不会觉得单调。当然,环境的价值不在于"装扮",而在于让心灵沉静,让生命多彩。它是生命哲学的演化,是内心深处的讴歌与赞美。法国思想家卢梭说教育的核心是"归于自然"——回归"自然状态",回归人之原始倾向。善良总存在于纯洁的自然之中。好学校总是拥有自然的纯净与原始美,它努力让孩子们与美好相遇。静谧,美好——好学校是温润的。

好学校有足够的成色

成色是衡量一所学校教育境界的一个指标,是一所学校的"育人"含金量。如果一所学校的含金量定位为考试成绩,它的成色就是混浊的;如果一所学校的含金量定位为立德树人,它的成色就是清纯的。黎巴嫩诗人纪伯伦说过:"我们已经走得太远,以至于忘记了为什么而出发。"教育是为着我们不曾拥有的过去,为着我们不曾经历的当下,为着我们不曾想到的未来。教育之原点在激发想象,而不仅仅是学习知识;教育之原点在发展理性,而不仅仅是讲授道理;教育之原点在鼓励崇高,而不仅仅是理解规范;教育之原点在丰富经历,而不仅仅是掌握技艺;教育之原点在温暖心灵,而不仅仅是强化记忆;教育之原点在强健身心,而不仅仅是发展智能;教育之原点在点亮人生,而不仅仅是预知未来。回归原点,是好学校的立场。不功利——好学校是纯粹的。

好学校有优雅的行色

优雅是让人向往的,有来源于生命本身的气质。每一个人都行色匆匆,孩子们被课业压得喘不过气来,教师被成绩比较而形成优劣阵营,这样的学校就不会是一所好学校。什么是好学校?孩子们表情舒展,教师们精神敞亮——每到一所学校,我总喜欢以这样的眼光去观察师生的生命状态。我发现,在好学校,孩子们的脸总是明晃晃的,有美好期待;教师的行色总是从容优雅,有专业自信。女孩子清新可人,男孩子风度翩翩,生命在人性层面焕发出动人光彩。一句话,每一个生命都自然而然地生长,这里有一种难以言说的气息在校园里弥漫开来、传播出去。面对此,我只能说:好学校是舒展的。

好学校有鲜明的特色

办学特色是一所学校整体呈现出来的系统性特征,集中表现在基于学校文化的课程体系。学校办得好不好,不在于规模有多大,而在于特色是否鲜明,是否有足以体现自己文化的课程架构。好学校行走在有逻辑的课程变革之路上,努力让学校课程富有倾听感,关注学生的学习需求;拥有逻辑感,建构严密的而非拼盘的课程体系;嵌入统整感,更多地以整合的方式实施而非简单地做加减法;饱含见识感,以丰富学生的学习经历为取向;提升质地感,课程建设触及课堂教学变革,课堂教学呈现出新的文化样态。一句话,好学校课程目标凸显内在生长,课程内容突出学习需求,课程结构强调系统思维,课程实施张扬生命活性,课程评价与管理彰显主体向度。好学校关注学习方式的多变性和场景性、学习时间的灵活性和可支配性、学习空间的多元性与舒适性、学习资源的丰富性和易得性,让所有的时空都成为课程场景,让孩子们学习作品的形成、展示、发布、分享成为校园里最美的景观,让时空展现出生命成长的气息和灵动。是啊,好学校有生命里最美好的记忆。

好学校有厚重的底色

厚重的底色不在于办学时间长短,而在于拥有强烈的文化自信。进入学校,我喜欢看墙上的"文字"。多年经验告诉我,文化不在墙上,很多时候,墙上的文字越多,学校的文化含量越低。道理很简单,大量文字堆放在墙上,说明这种文化还没有被老师们普遍认同,更谈不上内化于心、外化于行;说明这种文化还缺乏影响力,还没有被大众广泛接受,需要宣示和传播。一所学校是否拥有自己的教育哲学,是否拥有自己的教育信仰,是它"底色"如何的重要侧面。毫无疑问,好学校应该有自己的教育信仰。但是,教育信仰不是文字游戏,不是专家赐予的东西。信仰是从内心深处生长出来的,是从脚底下走出来的,是从指尖流淌出来的,是慢慢地生长、慢慢地走出来、慢慢地流淌出来的东西。唯有"慢慢地"才能"深深地","深深地"才能"牢牢地",扎下根来,进入我们的灵魂,融入我们的血液,成为我们生命的构成,成为我们前行的力量。文化总是无言或少言,但让人作出判断和选择。好学校,你一走进去,一种向往感、追慕感、浸润感便油然而生。因此,好学校是柔软而有力的。

美国思想家梭罗在《种子的信仰》一书中把好学校比喻为"一方池塘",每一个孩子在其中如鱼得水,自由自在,这就是"回归自然"的状态。不是吗?好学校总是这样的——温润,纯粹,舒展,美好,柔软而有力——这也是本套丛书聚焦的一批学校的性格色彩。

杨四耕

2019 年 5 月 30 日于上海市教育科学研究院

目　录

前言 / 1

第一章　美好管理：用善治推动学校发展

美好管理，是"美"与"好"并存之管理。美的管理，是一门艺术，使人身处其中，如沐春风、如蒙雨露、喜不自胜。好的管理，是一项工程，需要科学研判、合理规划、精准施策。这是艺术与工程的交融、是人文情怀与理性思维的碰撞，需要管理者有着人本的理念与缜密的思维，使学校管理在艺术的旋律与机械的运转声中合奏出一首和美的交响曲。

第一节　价值管理：向着美好奔跑 / 3

第二节　走动管理：提升管理效益 / 11

第三节　微笑管理：提升管理温度 / 15

第二章　美好校园：以丰富的文化滋养生命

"美好教育"提倡用美好校园创设美好生态。通过文化的塑造、融汇与传播,逐步形成特色凸显、美观大方的环境文化。通过积极健康、向上向善的行为文化,滋养和引领师生。通过科学民主、人性法治的制度文化,协调个人与群体、群体与学校的关系,不断提升学校的凝聚力。使校园的外在表现与内在气质得以优化、美化,使"包中人"逐步树立起文化自信和文化自觉。

第一节　环境文化:以环境营造美好 / 25

第二节　行为文化:以行为彰显美好 / 27

第三节　制度文化:以制度守护美好 / 31

第三章　美好团队:以专业视角提升教育境界

美好的团队,体现在教师的心灵美、行为美、教学美上。以自我之大美感染学生、以育人之大美培育学生,最终实现师生共同之美。美好的团队,也必然是教学好、素养好、品行好,以优质的教学能力教授学生,以良好的素养提升自我,以端正的品行引导学生。美好的团队不是一朝一夕的形成,是在与个人、同行、学生、学校共同发展中逐步凝练而成,是内驱动力与外驱推力共同作用下的成果,是教师发展的高位境界,是学校发展的成功核心。

第一节　立德树人,修炼美好师德 / 39

第二节　潜精研思,修炼研究能力 / 46

第三节　集智融慧,修炼专业智慧 / 55

第四章　美好德育：用美好心灵促成美好品行

　　"美好德育"的创建，以"懂感恩，爱家国"为标志，通过以文化人、以德育人，不断提高学生思想水平、道德品质、文化素养，做到明大德、守公德、严私德，为学生过"美好生活"做好思想上、德行上的准备。我们始终关注通过遵从和符合学生道德品质生成的内在心理需要来构建德育生态环境和发挥德育生态功能，通过塑造美好心灵来促成美好品行。

第一节　行规教育，培养美好的行为表现 / 61

第二节　仪式教育，培育美好的道德品性 / 65

第三节　专题教育，养成健康向上的人格 / 72

第五章　美好课程：用美好课程发展综合素养

　　美好的课程，是体现质量良好、学生叫好、关系友好的课程。我们通过美好课程的建设使得师生关系、生生关系和谐融洽，师课关系、生课关系相互促进，教师与学生在课程的开发过程中协同发展。同时，通过建设具备一定教学质量和专业水平，广受学生喜爱的课程，让每个孩子通过课程的学习发掘自己独到的美，成为更美的自己。我们通过构建以美德、美智、美体、美育为支撑的课程体系，最大限度地尊重学生的个体差异，提升其核心素养。

第一节　美好课程的整体框架 / 83

第二节　学科课程的落地与创生 / 85

第三节　活动课程的创意与推进 / 96

第六章　美好课堂：用美好课堂创生美好智慧

课堂的美好，不仅在于教学设计的合理高效，还在于学生主体地位的充分体现。美好课堂还应该是一个自主的课堂、互动的课堂、生命的课堂。我们关注教学设计中时间的合理分配，活动的有效设计。让学生在课堂中从被动灌输、被动教育的对象，转变为主动参与、主动浸润的主人。同时还应将课堂打造成为滋养学生的生态系统，其中的"一枝一叶""一草一木"都为学生美好体验和成长服务，将美好生活的氛围、美好教育的理念全面浸润、深度渗入课堂，为后续美好课堂的打造创设基础。

第一节　美好课堂的基本理念 / 119

第二节　美好课堂的操作与策略 / 124

第三节　美好课堂的管理与评价 / 147

后记 / 159

前　言

　　上海市包头中学创建于 1992 年 9 月,是一所公办初级中学。学校现有教职员工 69 人,其中专任教师 63 人,18 个教学班。教职工平均年龄 39.5 岁,年龄在 45 周岁以下教师有 40 人,占比 65.6%。学校以"尚德、明理、合作、包容"为校训,努力创建"管理规范、基础扎实、质量求精、环境优雅、文化浓郁、特色鲜明"的"家门口的好学校"。

　　在包头中学的办学过程中,学校曾在区域内有过良好的办学水平和声誉。但是近十年来,学校遇到了很多办学困难,没有迈出教育改革和创新的步伐。其中的主要问题包括校园建设缺少统一布局,学校的教学设施、专业教室、校园环境、信息化建设等有待提高和优化,制约了课程建设的开发、制约了教学改革的深入,不能满足学生发展的个性化需求。其次,学校领导的频繁变动,也使学校管理缺乏稳定性和发展的可持续性,教职员工学习意识、忧患意识、合作意识、质量意识、专业发展意识等均存在较多的不足。而在学校课程计划方面则缺少整体架构,三类课程的实施力度与开发力度均欠佳,教师的课程开发意识、实践、主动性、创新性存在不足,导致优秀教师不断流失。由于教师和生源流失严重,师资队伍建设存在严重瓶颈,学校办学特色不明显,办学水平和质量在区初中公办学校底部徘徊。

　　2018 年 8 月,学校被命名为"上海市百所公办初中强校工程实验校"。面对新的机遇,我们决定正视自己的短板,开展理性思考,深入剖析自身存在问题。2018 年 12 月,学校参加了市教委基教处组织的市级专家现场咨询问诊活动,在专家的指导下学校制订了《包头中学初中强校工程实施规划》。2019 年 1 月,特级校长张晓明调任包头中学做校长,通过区域专家团队深入学校调研现状,通过听取校长汇报、深入课堂观课、巡查校园、查阅资料、访谈相关教师,问诊把脉,我们重新修订了学校强校规划,科学有序推进强校工程。

2019 年起，我们以"初中强校工程"为抓手，积极打造学校"美好教育"办学品牌，聚焦"管理、师资、课堂、课程、设施"等积极推进实践与改进，稳妥、渐进地推进学校办学水平不断提高。

首先，我们以"强管理"为基础，提升师资队伍水平。

我们通过分专题开展调研工作，摸排学校发展存在的问题，形成专题性的工作改进机制，加强制度建设与改进，聚焦"管理五环节"，逐步建立"价值管理""走动管理""微笑管理"的管理模式，在"布置、反馈、评比"正向激励机制下，逐步形成尊重、友善、自信、服务的管理文化。我们不断健全人才培养机制，加强校级班子建设，优化中层干部队伍建设，聚焦"五育并举"，调整了职能部门的干部配置，新设了体卫艺科处，加大对"强校工程"领军人才的培养力度，以"美好教育"为主题开展系列论坛活动，形成有特色的研修培训体系。

我们形成了师资队伍建设"三三三"发展模式。坚持"三有"，即："为人有德、为师有道、为学有法"；坚持"三修"，即："修炼师德、修炼课堂、修炼课程"；坚持"三发展"，即："职初教师、骨干教师、名师优师的梯队发展"。目前学校有上海市特级校长 1 名、区教育系统第九批拔尖人才 1 名，市名师后备 5 名、市中学艺术学科中心组成员 1 名、市动漫中心教研组成员 2 名，区学科名师 1 名、区学科带头人 1 名，区骨干 6 名，区骨干后备 2 名，区教学新秀 1 名、校教育教学能手 6 名，校教育教学新秀 2 名。区级一般课题 1 个、区级规划课题 2 个、校级课题申报 11 个。2019 年，我校有 1 位教师在"第三届上海市基础教育青年教师爱岗敬业教学竞赛"获中学综合类三等奖；3 位教师获鞍山实验教育集团第二届"新优杯"创智课堂教学大奖赛英语学科组二等奖，综合文科组二、三等奖；学校举行了"青蓝杯"中青年教师大奖赛，凸显了教师专业发展的成果。

其次，我们以"强质量"为目标，科研教研助推教学改革。

我们坚持问题导向，从课堂中找问题，从研究中寻策略，以"上好每一节课、教好每一个学生"为目标，以课题引领教学改革，直面课堂转型。2019 年下半年学校作为杨浦区"'国家基础型课程'校本化实施协作组"的牵头校，承办了主题为"改进课堂活动设计，提升学生核心素养"的杨浦区"'基础型课程校本化'实施区域行动研究"数学、英语专场教学展示活动。

我们坚持"课题引领，科研兴校、以研促教、以思立学"，加强制度和队伍建设，加强课题管理，努力形成"人人有课题、教学讲研究、研究促改进"的学校科研氛围，学校承担了区级重点课题"'国家基础型课程'校本化实施的区域行动研究"，区级一般课题1项、规划课题2项，并承担了市、区级课题"国家基础型课程校本化实施""构建区域生命教育'一体化'体系校外实践联合研训基地""基于'云课堂'技术的校本课程群建设的实践研究"的相关研究任务。

我们坚持攻坚克难，学校成立了"班集体创建的实践研究""基于学科核心素养的单元教学设计路径的实践研究""课堂师生合作方式的实践研究""'五育融合'的策略研究""基于学生发展核心素养的学科综合育人途经与策略的实践研究"五大攻关项目组，以指向统一、项目分化、人员集聚、资源倾斜为原则，带动学校的整体发展、教师的专业发展和学生的健康成长。

我们聚焦"教学五环节"，推进课堂生态转型。严格执行课程计划，开齐、开足、开好三类课程；加强教学质量的过程管理；坚持校本研修制度；开展"好备课组"评比活动；聚焦"教学五环节"研究课堂教学时间的有效分配；加强教学基本功的训练，坚持开展"两笔字""教学设计""说课""板书"等系列比赛，要求青年教师手写教案；重启"青蓝杯"教学大奖赛，通过"骨干教师示范课、青年教师研讨课、职初教师亮相课"等形式，营造关注课堂、钻研教学的氛围。

第三，我们以"强课程"为核心，丰富"五育并举"办学实践。

为了围绕"四个明显提升"的强校目标，坚持"立德树人""五育并举""五育融合"，我们成立"体卫艺科处"，总揽全校体育、艺术、科技等活动，丰富拓展型课程的样式，组建学生活动社团，为"五育融合"提供了更加明确的管理系统和开展平台。

我们推出了"四节""五星"等系列评选活动。定期组织"阅读节、科技节、艺术节、体育节"开展"劳动之星""学习之星""科技之星""艺术之星""体育之星"等评选活动，推进"五育并举"。

除了校内的各类活动之外，我们还多次参与对外交流活动，2019年下半年我们接待广东省中小学骨干教师高级研修班 50 人团队开展教学研修活动；2019 年按照沪滇教育合作交流计划，接待云南丽江市 4 名干部来学校跟岗培训，为期三个月，扩大了两地的教育交流与互动。

第四，我们以"强品牌"为载体，彰显"美好教育"内涵。

我们明确了办学宗旨，即"让每一个孩子学会过美好生活"。确立了学校办学的六大愿景，即"美好管理、美好校园、美好德育、美好团队、美好课程、美好课堂"。制定了办学十八个策略，即"价值管理、走动管理、微笑管理、环境育人、行为化人、制度塑人、修炼师德、修炼课堂、修炼课程、行规养成、主题熏陶、品牌打造、课程规划、学科设计、课程创新、学科指导、规范校标、教改推进"。以"美好教育"明确学校发展方向，凸显学校办学特色，提升学校文化品位，创建"家门口的好初中"。

第五，我们以"强素质"为导向，加强立德树人落实机制。

我们通过优化环境布局，调整以办公、教学、行政、实验、课程等功能需求为依据的校园布局，先后完成五育广场、楹联天地、动漫星空等展示场所，彰显品牌特色。我们聚焦"两纲教育"，落实《中小学德育工作指南》，丰富学校德育课程，以"市家庭教育示范校""区生命教育联合研训基地主持校"为切入点，践行社会主义核心价值观。

在德育队伍建设方面，我们形成"班主任专题研修机制"，实现德育培训、研修的常态化，通过专家引领、同伴互助、学习交流、案例反思、项目驱动，促进班主任队伍的专业化发展，2019 年德育案例 35 篇，15 篇获区级各等第奖。我们也积极探索"美好德育"品牌创建，形成"课程育人重融入、文化育人重熏陶、活动育人重导向、实践育人重体验、管理育人重规范、协同育人重联动"的育人途径。实现学生行为规范教育的系列化，行规教育分层递进，行规教育方法多元运用，行规教育活动立体丰富，行规教育评价个性鲜明育，丰富学生培养的内涵，培养德智体美劳全面发展的包中学生。构建"学校、家庭、社区"三位一体的教育格局，结合"家长学校、家长开放日、校园开放日"等活动，与学生家长、对口小学、周边社区形成良性联动机制，形成育人合力。

第六，我们以"强协作"为依托，校际合作精准发力。

2019 年 5 月，区域成立以包头中学为牵头校的杨浦区"初中强校工程实验校"协作组。2019年6月,我们建立"杨浦初中强校工程建设"微信公众号平台,"初中强校工程实验校"互动、协作、交流,展示各校的办学亮点,拓宽了强校工程的传播渠道,扩大广泛的社会影响,展现七所实验校的丰硕成果。

面对机遇,我们固本强基,不断实践创新,直面困难,攻坚克难。我们要牢牢抓住"初中强校工程"的发展机遇,聚焦学校的发展规划,围绕"绿色指标实施和师生的共同成长",借力中考改革新政推进学校办学的创新发展,争取办成"家门口的好初中",实现"强校工程"的四个明显提升,共同打造"初中强校工程"的"杨浦品牌"。

第一章

美好管理：用善治推动学校发展

　　美好管理，是"美"与"好"并存之管理。美的管理，是一门艺术，使人身处其中，如沐春风、如蒙雨露、喜不自胜。好的管理，是一项工程，需要科学研判、合理规划、精准施策。这是艺术与工程的交融、是人文情怀与理性思维的碰撞，需要管理者有着人本的理念与缜密的思维，使学校管理在艺术的旋律与机械的运转声中合奏出一首和美的交响曲。

管理是一所学校质量提升的关键环节。古人云"治大国,若烹小鲜",治校亦如此。学校事务千头万绪,如烹饪之柴米油盐,不通厨艺者,感觉杂乱无章,无从下手;精于此道者,则物尽其用,乐在其中。

美好管理,是"美"与"好"并存之管理。美的管理,是一门艺术,使人身处其中,如沐春风、如蒙雨露、喜不自胜。好的管理,是一项工程,需要科学研判、合理规划、精准施策。这是艺术与工程的交融,是人文情怀与理性思维的碰撞,需要管理者有着人本的理念与缜密的思维,使学校管理在艺术的旋律与机械的运转声中合奏出一首和美的交响曲。

上海市包头中学作为上海市百所公办初中强校工程"实验校"之一,基于"强校工程"的管理目标,通过管理方法与结构的优化调整,以管理五环节为抓手,旨在实现学校管理的科学、高效、民主,使管理的效率得到提升,管理的实效得到加强,管理的机制得以持续,管理的文化得以认同。

美好管理需要"树威",此"威"不是威慑、威压,而是权威、威肃。作为管理者需要以自己的人格魅力与领导能力树立自己的权威,实现从管理者向领导者的蜕变;而学校的管理机制、体制及制度的建设,需要缜密科学的制定,具有威肃性,任何职能部门及个人不得凌驾其上,使之成为学校管理的标杆与基准。

美好管理需要"有力",此"力"不是武力、权力,而是领导力。管理者的领导力涵盖感染力、向心力、决断力及人格力等多个方面。只有强有"力"的领导,才能实施"美"而"好"的管理,逐步实现课堂智化、师资优化、管理细化、校园美化、特色亮化、研究深化、文化净化。

美好管理需要"善治",此"治"不是治病,而是治理,表现为治理体系的打造与治理能力的提升。"善治"首先需"善制",需要提升站位、抬高格局,将学校的治理融入当前社会治理改革的大趋势中,形成顺应时代发展需求、符合学校发展需要的现代化治理体系。所谓"察势者明,趋势者智",应充分研究当前国家社会治理的改革发展内涵,从体制改革、机制创新、制度建设的角度对学校的整体管理模式予以厘清、分析和革新,为美好管理的落地架构总体框架、搭建整体环境。在具体实施中,学校根据强校工程提出的四个明显提升的主旨目标和办成"家门口的好初中"的核心要求,推进现代化学校治理体系和治理能力。结合学校的当下实际与发展需求,修订制度、完善机制、革新理念、优化结构、转换模式,探寻适合新时期发展的组织结构与管理模式,推动美好教育与强校发展、美好管理与学校治理的深度融合,促进现代化学校治理能力的效能释放。依托当下社会治理改革的总体趋势,将"美"与"好"渗入学校管理的理念与行为,逐步实现从上行下效、上传下达的机械化管理,转向一核多元、多元共治的科学化治理,形成适应新时期发展需求的现代化学校治理体系。

第一节 价值管理:向着美好奔跑

我们围绕贯彻落实党的十九大精神,结合学校办学现状与发展需求,不断加强意识形态工作的力度,加快学校思想建设的速度,以价值管理为切入点和着力点,尽早、尽快地形成符合学校发展需要、师生广泛认同的校园文化与价值信念。具体落实在学校的日常活动与工作中,以价值引领催化价值管理,实现学校师生的文化认同、价值认同、情感认同、目标认同,从而加强组织的向心力,催生工作的执行力,提升队伍的引领力,增进全校师生的凝聚力和自信力。

一、学校价值管理的基本内核

我们认为对学校管理而言,确定学校教育哲学、办学理念、办学宗旨,以及相关的价值系统是实现价值管理的基本方法。

（一）教育哲学：美好教育

一所学校的发展困局，往往在于学校发展现状与美好教育发展愿景间的突出矛盾，即发展的不平衡、不协调、不对称、不匹配、不充分。"不平衡"，即师资队伍结构与学科分布间的不平衡；"不协调"，即校园文化环境与学校特色间的不协调；"不对称"，即学生兴趣需求与课程设置间的不对称；"不匹配"，即课堂教学理念与学生学情间的不匹配；"不充分"，即学校整体发展的不充分，导致学校长期以来始终处于低速发展、低质发展的初级阶段。

所谓美好教育，一是指教育过程美好。美好是爱，是有爱的教育，是相互爱与被爱的过程，是师生关系、生生关系的和美、和睦、和谐。美好是责任，是有责任的教育，不是放任自流，而是不抛弃、不放弃。美好是期待，是有期待的教育，对每一名学生都有着不一样的成功期待。美好是快乐，是有快乐的教育，学习不仅是苦行，更是在师生共同的进步和成长中收获快乐的过程。美好是奋斗，是有奋斗的教育，美好是奋斗出来的，没有不劳而获的快乐和收获，只有师生共同通过汗水的浇灌和不懈的奋斗，所换来的美好才更显弥足珍贵。二是指教育目标美好。让学生获得愉悦的体验；让学生收获甘甜的果实；让学生树立自强的精神；让学生建立自信的信念；让学生形成自立的能力；让学生拥抱希望的未来；让学生拥有幸福的人生。

（二）办学理念：向着美好奔跑

我校的办学理念是：向着美好奔跑。奔跑，状态上体现发展，是持续不断的动态发展；态度上体现主动，是学生主动奋斗、奔向美好；过程上体现付出，没有不劳而获的美好，需要付出汗水的奔跑才能到达美好的彼岸；速度上体现快速，不是懒散拖拉地迈步和散步，而是快步争先、只争朝夕地奔向美好；心情上体现欢悦，在海阔天空的空间任凭驰骋，心情欢畅愉悦。

(三)办学宗旨:让每一个孩子学会过美好生活

学校的办学宗旨是让每一个孩子学会过美好生活。"每一个"意味着体现广泛性、普遍性、精准性,在教育方法上采取分层策略,在教育态度上不做区别对待,不放弃每一名孩子,让每一名孩子、每一个家庭拥有属于自己的、不一样的美好。

我们采用"孩子"的称呼,而不是"学生",体现了教育人性化的回归,体现了"幼吾幼以及人之幼"的人文关怀。学生,是在校的身份认定,是教学活动的主体和对象。孩子,则是充满个性特征的生命,是每个家庭的希望寄托。视之为学生,则易追求成绩,追求应试能力的培养;视之为孩子,则更看重成长,看重健全人格的养成。

"过",不是被动接受,也不是主动争取,而是人生必须的经历和体验,是人生的必须和必然。

"生活",纵向来看,"生活"是"学习"的递进。今天的"学习"是为当下和未来的"生活"服务,"生活"是"学习"的作用对象和实践目标。横向来看,"生活"是"学习"的延伸。生活无处不在,生活无所不包,不局限于课堂所学的知识素养,更在于能力素养、行为素养、道德素养、文化素养、健康素养、艺术素养,以及社会适应能力素养的综合体现。

(四)培养目标:好好做个人

教育是为全人类的进步和发展服务,具有普遍性和广泛性。"才"代表的是精英,为成"才"而办的教育是精英式教育,面向的是极少数人群。包头中学施行的是面向全民大众的教育,学生来源于社会各阶层,是为成"人"而办的大众教育、通识教育。我们将学校的培养目标定位为:好好做个人。具体分解为精神、学习和生活三个层面,分别为:懂感恩、爱家国;会学习、爱思考;勤健身、爱生活。

包头中学培养的学生,不必一定成"才",不必有才华横溢的表现、不必有高不可攀的学历、不必有远大雄壮的抱负、不必有惊天动地的作为。但要能够成"人",成为自食其力的人、成为健康阳光的人、成为善于学习的人、成为一身正气的人、成为有责任担当的人、成为有自我理想的人、成为有自身价值的人、成为对社会有用的人。

(五) 校训：尚德　明理　合作　包容

"尚德"：崇尚道德为先，弘扬品行为首，将道德和品行作为立人之本、育人之基。具体表现在追求师生个人品德的修为，关注教师职业道德的修养。

"明理"：人伦事理与科学至理。人伦事理，即引导师生通晓事理、明辨是非、通情达理。科学至理，即培养学生掌握科学常理，勇于探究科学真理。

"合作"：学生间学会合作，同成长、深友谊；师生间乐于合作，互尊重、促教学；同事间善于合作，融智慧、齐发展；家校间勤于合作，增了解、共成就；校社间主动合作，谋发展、促和谐。

"包容"：人与人之间的包容、思想的包容、人与环境之间的包容，学校、社会与家庭之间的包容。

可以说，明确学校管理哲学和办学理念，是学校价值管理的基本内核，是实现学校师生文化认同、价值认同、情感认同、目标认同的重要基石。

二、价值管理的多维策略

实践证明，价值管理是需要一系列的推进策略的。我们采取理念提炼、思想传播、文化认同、环境熏陶、活动推广、波峰强化和价值检核等策略，取得了明显的效果。

(一) 理念提炼策略

价值管理必须明确价值取向，必须提炼反映学校价值追求的理念系统。我们认为，管理的成功不在于"形"，而在于"心"。形式上的管理，是外力驱使下、制度约束下的实施，可能取得一时的成效，但稳定性、长久性不足，会随着环境、人员的变动而发生波动。只有由心而生的内力驱动，才能实现从他律到自律，使外在的制度成为内心的自觉，实现自主管理，才是成功管理的最终形态。

理念提炼策略就是要对学校的理念、文化、目标进行总结与提炼，使之具备表述清晰、简洁概括、重点突出、朗朗上口的特点。使学校成员在思想上相互统一，在理念上相互契合,在文化上相互认同,求大同,存小异,使每一名成员的言行、思维在不自觉中都铭刻着学校的印记,成为学校价值的个体表达。

(二)思想传播策略

有了学校的理念系统,有了办学的价值表达,那么理念的传播和深入就是学校办学的一个重要任务了。我们精于建设思想阵地,使学校理念系统得以进入每一位教师的心田,这就是所谓的"思想传播策略"。

思想传播策略重在对外输出我们的价值理念,对内统一价值观。价值的输出需要有发端、有平台,必须牢牢守住思想阵地、多多打造宣传阵地。当今社会,各种思潮、理念纷繁复杂,学校不能搞"一刀切"、搞"思想运动",统一的价值观不代表抹消人的个性化思考,而是在多元并存的大背景下,形成大众认可、群体获益的目标认识、理念认识、文化认识。这一工作的开展必须基于思想阵地的建设上,阵地的形式呈现多样性,需要厘清并实践。

(三)文化认同策略

学校理念系统仅仅是传播还不够,还需要深入人心,还需要广大教师认同,因此,文化认同是价值管理的一个重心。

我们善用各种"阵地",如校务会、行政会、教工大会、党员大会、中心组学习、升旗仪式等各级各类集会,以主题发言、工作回顾、座谈交流等形式输出、宣传学校的价值信念与文化理念,对于存在的问题及时予以指出和反思,有针对性地提出改进措施,切实使教师的理想信念、意识形态教育走上常态化、制度化、规范化轨道,逐步形成价值趋同、坚定进步的理想信念、价值理念、道德观念。

(四)环境熏陶策略

对价值管理而言,环境熏陶也是必不可少的。我们采取环境熏陶策略,如通过环境布置、行为引导、评价指向等。环境布置,通过橱窗墙体、办公环境、教室操场等各个场地的布置,将学校价值融入校园整体环境的布局、布置中,形成浸润式的感染,让学校成员在无意中得到熏陶和影响。

行为引导,学校的生态往往呈现学生看老师、老师看中层、中层看校长的现象。因此价值的传播在最初阶段往往是由上而下的输送,学校管理者必须起到引领示范作用,中层干部必须起到带头实践作用,实现价值输送的"拷贝不走样"。

评价指向,价值的输出,不可避免带有批判与肯定。哪些思想是负面的,不利于个人与学校发展的;哪些思想是正面的,有利于整体的稳定与发展,这些仅靠口头表述略显无力,处理不当还易引起分歧与抵触。在评价指标与考核制度的制定中,可予以渗透,将学校提倡的价值取向与评价指标对标,以制度建设推动价值管理,通过对评价制度的解读,使学校成员对制度中的隐含价值逐步领会、理解、认同。

(五) 活动推广策略

活动传递和推广是学校价值管理的秘密"武器",也是学校工作开展的重要载体和突出优势。我们要善于充分利用学校各种现有的条件,全面调动各类主题活动,通过党员组织生活、座谈会、艺术节、科技节、校运会等各项活动,找到活动主题与学校价值理念的契合点,将学校的价值信念和文化理念全程融入学校整体活动的开展中。

价值以活动为载体、活动以价值为内涵,在达成学校活动校本化实施的同时,实现学校价值理念的多元化实践。学生活动的开展,不仅是学生接受教育的载体,也是教师塑就育人价值的契机;不仅是达成育人目标的必须,也是传导育人价值的过程。如学校通过"阅读节""体育节""艺术节""科技节"为平台,以"劳动之星""体育之星""艺术之星""科技之星""学习之星"为示范,在实践"五育并举、全面发展"育人理念的同时,也向教师传递着当下素质教育的新要求、新理念、新目标,使教师的育人价值通过学生活动的开展潜移默化地得到更新、塑就,使学校的价值输送依托于学校的常规活动,固化为具有周期性和稳定性的常态化工作,形成机制保障。

上海市包头中学"劳动之星"评选方案

为推动学校根据《中小学德育工作指南》要求,把培养社会主义建设者和接班人作为根本任务,把立德树人融入劳动教育。从小培养学生劳动意识,增强学生珍惜他人劳动成果,提高学生劳动能力,引导广大学生养成爱劳动的习惯,树立正确的劳动光荣价值观,学校决定开展"劳动之星"评选活动。具体评选条件如下:

1. 具备正确的劳动意识,认识到"劳动最光荣",具有较强的劳动积极性,主动为集体服务,积极承担班集体的劳动事务,并且能在校园生活中影响辐射周围同学,协助班集体形成良好的劳动氛围。

2. 具备较强的劳动技能,在大扫除、卫生值日、公益劳动等活动中,能按时完成任务,且劳动效果突出,获得老师和同学的认可。

3. 具备较丰富的劳动实践经历,能够积极参与学校及社区组织的各类劳动主题活动,活动中能起到先锋带头作用。在家庭生活中也能协助长辈,主动分担家务劳动。

4. 具备尊重劳动者,珍惜他人劳动成果的品质,能主动维护身边环境卫生,食堂用餐基本做到"光盘",不浪费、不破坏,并能及时阻止他人破坏环境、浪费资源的行为。

上海市包头中学"学习之星"评选方案

为了更好地推进素质教育,加强学生学习习惯的养成,让每一个学生找准目标,关注日常生活的表现和成长过程,进一步调动学生的学习热情,提高文化素养,传播积极向上的校园文化,构建美好校园。结合我校实际,开展"学习之星"评选。评选条件如下:

1. 学习目的明确,学习态度端正,勤奋好学,能较好地掌握各门学科的基础知识和基本技能。

2. 学习成绩突出,能在同伴中起到示范引领作用。

3. 能主动帮助其他同学一起提高学习成绩,积极配合班级管理,提升班级的学习氛围。

(六) 波峰强化策略

学校价值管理还可以重大事件为切入口,采取波峰强化策略,强化学校价值理念的核心精神,增进全校师生的向心力、凝聚力和自信力。

我们可以充分利用如新中国成立 70 周年、中国共产党建党 100 周年,以及校庆、学校办学水平综合督导、文明校园创建等重大活动,牢牢把握时代脉搏、紧紧围绕社会发展,根据各个时段发生的事件,因时而异、因事制宜地策划开展活动。通过活动传递价值、强化价值。

例如在今年突如其来的新冠疫情的严峻局势面前,我们通过信息媒介,从管理、教学、德育、团队等各个维度,从学生、教师、家庭等多个角度开展线上活动,实现"停课不停学,宅学不止步"的目的。在此过程中,将家国情怀、强校理念、育人价值、发展观念等价值元素予以传递和强化,让学校的价值在稳定传递的同时,不定时地形成"波峰",以"活动式""运动式"的形式,加强凝聚学校成员间的价值理想。

(七) 价值检核策略

价值检核策略是将师生的行为与学校的价值理念进行对比,进而确认行为的合目的性和合价值性的一种策略。

学校成员具有个体差异性,不能苛求同步、同质地达成价值理解与认同。但可以通过一些活动予以检验,了解学校成员价值间的异同与距离。如通过学校攻关项目的申报,了解教师对于科研工作的态度与意识;如通过教学评比的组织,了解教师对于业务水平的要求与态度;如通过职称、骨干的评定,了解教师对于自我专业发展的需求与愿景。这些关键节点都是审视与检验教师价值取向的重要契机,也是学校开展价值管理的重要依据。

综上所述,运用多种管理策略,将学校的文化、理念、价值与学校的日常活动、管理、环境建设相融合。有效提升学校师生的文化认同、价值认同、情感认同、目标认同。

第二节　走动管理：提升管理效益

所谓走动管理,是指管理者利用时间经常抽空前往各个办公室走动,以获得更丰富、更直接的员工工作问题,并及时了解所属员工工作困境的一种策略。体现在学校管理中,即指学校管理者以巡视的形式,在校园内走动、观察、谈话,对学校运作中的现象和问题予以及时发现、即时处理,对学校师生的需求和建议予以平等倾听、当面诊断、立即改进,与办公室管理等传统管理方式相比具有增强时效、情感互动、现场观察、积极主动、易于指导、关注细节等优势。基于以上优势,学校通过走动式管理,为全校师生提供更细致、更完备、更全面、更高效的管理和服务。

一、让走动管理成为一种文化

走动式管理不是某一层级管理人员的特权,而是全校普及的管理模式。校级领导、中层干部、教研(年级)组长都应积极参与到其中,成为走动管理的一员,在全校营造全民走动的积极氛围,让全校师生形成"不怕看,怕不看"的态度与意识。

(一) 校级领导带头走动

管理带有趋上性,即成员通常趋从于上级领导的管理行为。作为学校管理者,校级领导的管理行为具有示范性与引导性,应率先带头走动,让学校成员感受到走动管理的权威与规范,逐渐形成全校普遍知晓、接受的管理模式。在走动过程中,校级领导能及时掌握一线的工作情况,有利于对学校工作与个人作出更直接、更客观的认识和判断,对学校整体决策的制定具有重要的价值和意义。

(二) 中层干部积极走动

中层干部作为管理的中坚队伍,必须严格执行走动管理的模式,将走动管理落实到位。中层干部一般从数量上要多于校级领导,在工作上也更具体。因此,走动的范围要更大、频次要更高、目的性要更强,甚至可以尝试制定点对点的"靶向走动",对特定的问题、工作和个人予以重点关注。在走动的认识上,干部也要淡化监督、检查的纪检性质,凸显观察、倾听、发现问题、解决问题的服务特质。使走动管理成为被学校成员广泛接受的管理模式。

(三) 教研(年级)组长跟随走动

教研(年级)组作为一线工作最后落实的单位,其组长对于工作开展的情况与成效有着更直接的认识。应充分调动组长们的管理意识,鼓励组长也参与到走动管理中,自主走动或与中层干部一同走动,成为走动管理最后的关键一环,将走动管理这张网布得更密、更细。

二、制定行走管理原则

走动式管理不是"走过场管理",更不是监控下属的一种手段,而是现代化学校管理中的重要模式之一。应基于管理的原则,形成管理的方法,使管理者在边走动、边管理的过程中,逐步积累经验,提高管理水平。走动式管理是对学校管理中各流程及环节进行记录观察,了解学校整体的运作状态,见微知著地从各细节中了解学校的状况,最终回归自身管理岗位,作出制度、政策乃至战略上的调整。

(一) 细看,发现问题

作为管理者,不需要也不可能事必躬亲,但一定要明察秋毫,能够在细节中看到本质、发现问题。主要看三个方面:一看"人",以人为本,目中有人,要看人的精神面貌,满面春风的要鼓励,心事重重的要开导,马马虎虎的要提醒;二看"物",看是否"物尽其用",有没有浪费滥用、安全隐患;三看"事",看教师的备课、上课情况,学生的听课、活动情况,了解教情和学情。

(二) 倾听,明白真相

走动式管理,不仅要眼观六路,还要耳听八方、善于倾听。管理者既要听建议,也要听牢骚。在听的过程中,捕捉优点,发现问题,指导方法。为了提升倾听效率,管理者在走动时,一定要预先备足"功课",带着发现问题的眼睛和耳朵去,带着问题去了解、去沟通,才能事半功倍。

(三) 多问,准确归因

走动式管理的一大优势就是问题反馈与解决的即时性、真实性。因此,管理者要善于发现问题、提出问题、解决问题。对于问题,事先有所准备、有所指向、有所预设,心中带着问题去走。对于发现的问题与疑点也要问清楚、问明白,不能想当然、想简单,使问题得到真实反馈与及时处理。实现走动式管理对于学校管理中问题的发现、提出、解决、检验各环节的一站式处理。

(四) 勤想,分析判断

走动式管理的核心依旧落在"管理"两字。管理是一门思考的艺术,管理者在走动中,应当勤于思考、分析、判断。走动式管理切忌只走不想,也不能先走后想,而是应该边走边想,甚至先想后走,即先思而后行。"想"是走、看、问的起点,也是上述动作的归结点,事前没有周密的思考,就会胡走、乱看、瞎问,走动式管理就会流于形式,不经认真思考作出分析判断,导致错误决策。

(五) 会说,交流沟通

管理者要听说结合,不仅是信息的接收者,也是信息的输出者。不应"悄悄走",要善于和教师员工交流沟通,在面对面的交流中,以现场指导和即时阐述的方式,在指正问题、纾困解难的同时,将学校的办学理念、教育观念等核心价值观传递给师生,使他们逐渐认同和接受学校的共同愿景。

(六) 能做,引领行动

作为管理者,必须身体力行地做全校的行动表率。要求教职员工做到的,管理者先要做到,不能将走动式管理成为监督教师的手段,而应成为管理者示范引领的行动,使学校的要求与理念在自己身上得到充分体现,使管理者在走动中成为学校价值与要求的具体表现。

三、形成走动管理机制

管理不是散兵游勇打游击,走动式管理更不是散步式管理,必须制度化、体系化,从机制上保障走动式管理的规范实施,要勤于"走",更要善于"走",而不是心血来潮的漫步和毫无头绪的乱走。将走动式管理正式纳入学校整体的管理体系中,成为成熟、规范的管理模式。

(一) 依条块分层实施

学校结合原先扁平式管理的特点,由校长室、分管部门、年级组长分别从学校层面、年级层面、班级层面予以巡视,对所发现的情况和问题依照管理条块向分管领导予以即时反馈,由分管领导责成部门及时处理,做到各司其职、各负其责。事后,分管领导予以不定期地"回头看",对改进情况予以追踪复查、监管追溯,在检查改进情况的同时,对部门的管理与处理成效予以评价,实现走动式管理的分层实施、全面覆盖。

(二)设分管问责机制

走动管理并非由上而下的单向管理,同样具有由下而上的制度问责。应设立管理的反馈机制,设立考核指标。对于学校工作中出现的问题未发现、未处理、未解决的现象,开启溯源调查,从管理角度排查不足、寻找问题、弥补漏洞,必要时问责相关部门及领导,从机制上保障走动管理的实施。

总之,成功的管理必须具有时效性与实效性。所谓时效性,即要及时了解到学校的运作情况,及时关注到运作中的细枝末节,发现问题,即刻评价,及时反馈。而这需要管理者多走动、多观察,管理切忌"懒"。所谓"运筹帷幄"是内在的管理思维,而不是端坐于办公室,两耳不闻窗外事。所谓实效性,即掌握的情况必须真实,如止步于办公室,依赖他人提供的信息,难免失真。管理学中,信息传递关键就是真实,失真的信息往往会导致错误的判断与决策。因此,通过走动管理,工作下移、管理前靠、亲赴一线、亲眼见之、亲耳闻之、亲口述之。以真实的感官,形成客观的认识,作出精准的判断,形成正确的决策,对管理实效与时效予以升级。

第三节　微笑管理：提升管理温度

微笑管理是近年来流行于欧美企业的全新管理方法。一直以来,人们大多过于注重管理的程序化,而忽视了人性的情感管理,以及仁爱与和谐的思想对管理的重要作用。"微笑"是"美好管理"的重要特征,"微笑"是管理者态度和意识的外在表现。管理者的"微笑",不仅局限于表情层面,更是尊重、友善、自信、服务的集中体现。"微笑管理"，是由硬性管辖转向柔性支持的关键展现，是学校管理文化的重要内涵。

"微笑"是尊重的表达，是管理者与被管理者之间人文关怀的体现。学校的管理是保障和推进学校工作正常运行和整体发展的分工合作，而不是自上而下的简单管辖和粗暴命令。

"微笑"是友善的表达，管理者与被管理者之间的关系不是此消彼长的对立关系，更不是敌对的两个阵营。两者之间是相互依存、相互协作的伙伴关系。"微笑"是自信的表达，只要客观公正、依法办事，就会充满自信，立场坚定，不动摇退缩，不怕闲言碎语。

"微笑"是服务的表达，体现了管理者对于教师、学生、家长的服务意识，将管理由自上而下的指令转变为自下而上的倾听。"微笑"同时也是被管理者的内心独白与情绪表达，被管理者的"微笑"是自内而外对学校管理机制、管理艺术、管理文化的认同，是对于管理者的情感认同与业务肯定，是学校管理工作的成功表现。

一、形成评价机制，搭建管培平台

管理不仅在于对工作的评价与考核，管理本身也需要评价、反馈。微笑服务不仅在于表情上的笑容、态度上的亲切，更在于服务理念的谦逊、虚心。学校应建立评价机制，为全校成员搭建评价反馈管理工作的平台，形成管理工作的双行道。

管理不是从管理者指向被管理者的"单车道"，而是管理者与被管理者相互支撑、共同构起的学校生态。传统的单一指向会造成管理者与被管理者间的关系疏远，甚至对立，人为地制造矛盾、制造困难。只有交互通畅的管理模式，才能使管理者与被管理者的内心真正"微笑"。

（一）选优树典，以评促管

就管理工作的开展情况而言，管理者可以以投票、问卷等形式在全校开展民主评议，对各部门管理人员从管理能力、态度、作风等各个维度予以评价，并提出改进意见，再根据评议的情况排摸管理中的问题与不足，及时制订改进办法，完善优化管理模式。

通过民主评议,投票选出工作能力突出、态度端正、作风廉洁的管理人员作为年度"管理之星",予以表彰与奖励。为管理工作树立典范,示范引导管理工作的开展。同时,激发管理热情,激励管理积极性,为管理工作的开展打造激励机制与动力保障。

(二)咨诹善道,察纳雅言

利用学校干培、师训的平台,开设管理主题论坛,要求管理人员聚焦管理中的难点痛点,撰写管理案例与论文,开展案例交流与经验分享。对管理工作中的典型问题开展诊断剖析,邀请专家予以点评指导,通过思考、撰写、交流、学习与反思,有效促进管理者能力的提升和管理意识的提高。

以管理工作为主题,搭设座谈交流的平台,通过面对面的沟通交流,微笑倾听师生呼声,微笑解答群众疑问,微笑采纳有益建议。畅通管理者与被管理者之间的沟通渠道,打通学校管理工作的上升通道,使该平台成为提升学校管理水平、凝聚学校发展合力的重要组成,使微笑管理成为学校管理工作和谐互进的核心标志。(见表1-3-1、表1-3-2、表1-3-3)

表1-3-1 学校管理工作评价量表

等第\指标	A	B	C	D
管理意愿	管理积极性高,管理热情高涨。	管理积极性较高,能较主动地履行管理职责。	管理不够主动,按章办事基本完成管理任务。	管理缺位严重,逃避且无法履行管理职责。
管理负荷	管理机制顺畅,管理负荷明显减轻。	管理运行基本平稳,管理负荷较轻。	管理存在一定困难,管理负荷较重。	管理实施不畅,阻滞不前,管理负荷重。
管理关系	群众广泛认可管理方式,干群关系和睦。	基本接受管理方式,能较主动配合管理。	存在部分分歧与意见,具有潜在不满声音。	抵触、对立情绪严重,干群矛盾紧张。
管理成效	管理效果显著,状态改善明显。	管理基本达到预期成效。	达到部分预期效果,局部领域仍未见起色。	完全无法收获成效,与预期效果违背。

表 1－3－2　学校干部年度考核测评表

项目	内　　容	评　价			
		好	较好	一般	差
德	政治思想和道德品质表现				
能	业务知识和工作能力情况				
勤	工作态度、勤奋敬业情况				
绩	履行职责、工作创新的成效				
	2017 年主要工作目标完成情况　1.				
	2.				
	3.				
廉	廉洁自律和加强党风廉政责任制情况				
等级测评	优秀	合格		基本合格	不合格

被考核人姓名：＿＿＿＿＿＿　　　　　　年　月　日

注：1. 请在表中相关栏内用"√"表示。
　　 2. 本表不具名,请实事求是填写。

表 1－3－3　学校干部年度考核测评汇总表

被考核人姓名		参加测评人数							
评价 项目		好		较好		一般		差	
		人数	％	人数	％	人数	％	人数	％
德	政治思想和道德品质表现								
能	业务知识和工作能力情况								
勤	工作态度、勤奋敬业情况								
绩	履行职责、工作创新的成效								
	1.								
	2.								
	3.								
廉	廉洁自律和加强党风廉政责任制情况								

等级测评	优秀		合格		基本合格		不合格	
	人数	%	人数	%	人数	%	人数	%

备注:

统计人员(签名):

二、体现人文关怀,聚焦情感管理

　　任何组织的管理都是人和物的管理。人是一个最大的变数,只有充分挖掘人的潜力,才能达到管理效率的最大化,因此,任何组织都不能忽略对人的管理。马斯洛的需求层次论(如图1)告诉我们,人类有五种基本需要,在各级需要依次得到满足的基础上,就会产生新的更高一级的需要。教师有着实现更高层次的愿望和需要,有着为实现更高层次愿望而蕴藏着的潜力,因此,学校管理者应注重人文关怀,加强情感管理,

图1　马斯洛需求层次金字塔

激发教师的工作积极性和主观能动性,挖掘教师的潜能,提高工作效率,满足他们实现更高层次的需要。

(一) 以微笑构建和谐校园

建立融洽的人际关系,是建设和谐校园的基础。构建和谐校园必须注重教育主体间的和谐发展。无论是校长、中层干部还是教师都要不断加强自我修养,学会"修己以敬"。

教师要"三省吾身",互相学习,共同提高。提倡全校教师在谅解与宽容、促进公平与公正的和谐氛围中,增强竞争实力,获得办学效益的整体提升。校长作为学校的第一责任人,要在办学思想的形成上下功夫,要用自己的实力、活力、魅力去影响干部、教师,引导师生形成共同的价值观、群体意识、行为规范,用微笑尊重教师,用爱心温暖教师,用理解、宽容加强沟通,努力创造人心思进、团结和谐、共促发展的良好氛围。

(二) 以微笑构筑服务生态

教育管理理论指出:管理行为最后概括为"抓组织""关心人"两大类。前者以工作为中心,管理者为了完成工作,既制定了制度,规定了任务,又明确了职责,后者以人际关系为中心,建立相互信任的气氛,尊重下属的意见,注意下属的感情和问题等。成功高效的管理一定是微笑、和谐的管理,即二类因素都高的组合体,既"抓组织"又"关心人"。现代学校管理更应如此,唯有人、财、物的和谐配置,教学资源的合理利用,才能实现教育目标、过程、结果的和谐统一,学校、教师、学生三者的和谐发展,才能实现学校治理的现代化。

管理者要淡化行政意识,增强服务意识、民主观念,既要充分调动群体的积极性,鼓励教师参与管理,又要有强烈的责任心,乐于服务,乐于奉献,建立和谐的人际关系,促使教师以饱满的热情投入工作,以管理效益的提升促进教学效率的最大化。秉持以人为本的管理理念,通过对教师情感管理的重视,给教师更多的人文关怀。做到"三必访,三必谈,三不能",即教师有病必访、教师家中出事必访、教师家中有喜必访;教师工作出问题必谈、教师思想有疙瘩必谈、教师取得成绩必谈;面对困难不能退步;面对下属不能发威;面对成绩不能自满。将管理体系转变为服务生态,以微笑的面容、服务的理念实现教师人格的尊重,以成绩的肯定、价值的体现激发教师的工作积极性与凝聚力。

第二章

美好校园：以丰富的文化滋养生命

　　"美好教育"提倡用美好校园创设美好生态。通过文化的塑造、融汇与传播，逐步形成特色凸显、美观大方的环境文化。通过积极健康、向上向善的行为文化，滋养和引领师生。通过科学民主、人性法治的制度文化，协调个人与群体、群体与学校的关系，不断提升学校的凝聚力。使校园的外在表现与内在气质得以优化、美化，使"包中人"逐步树立起文化自信和文化自觉。

"美好"是人的本质追求，"美好教育"是对教育本质的追求，彰显的是一种情怀、一种文化和一种境界。"美好校园"是干净整洁的校舍、安静和谐的场景、尊重严肃的课堂、舒适敞亮的教室和热情朝气的师生。

　　我校实施"美好教育"，提倡用美好的校园生活环境、丰富的活动、创新的课程、规范的言行、教师的引领，让孩子在潜移默化中学会生活、体会美好。用美好校园创设美好生态，从环境、行为、制度三方面着手，通过文化的塑造、融汇与传播，逐步形成特色凸显、美观大方的环境文化；积极健康、向上向善的行为文化；科学民主、人性法治的制度文化。使校园的外在表现与内在气质得以优化、美化，使"包中人"逐步树立起文化自信和文化自觉。

　　文化环境建设作为校园文化的一个载体，体现在不同的校园，就有不同的文化环境设计定位、不同的设计风格、不同的课程植入、不同的色彩导向，以及不同的材质选择。学校景观设计，其功能性主要体现在以辅助教学为主，多以互动体验、学生风采展示为主体功能。重点是要依据学校的文化理念体系，将学科课程与环境相融合，通过节点设计最大程度引导学生产生学习行为，与之进行互动交流。在整体文化主题基调下，体现特色互动，资源整合。

　　学校行为文化是学校办学理念、素质修养、精神面貌的动态体现，也是学校价值、学校文化的外在折射。"美好校园"的创建，必须有正面、积极、健康、文明的行为文化作支撑，"美好"的行为文化是"美好校园"建设成果的终端体现，是"美好校园"对学生乃至教师的文化滋养和引领。在实践中利用活动的交互润泽和行为的相互感染，树立起对"美好"行为的认识、认知与认同，逐步形成共同认可的行为文化。

　　"美好校园"的创建，必须有制度文化的配套建设。制度文化在协调个人与群体、群体与学校的关系，以及保证学校的凝聚力方面起着不可或缺的显著作用，深刻地影响着人们的物质生活和精神生活。制度文化的建设要遵循约束与激励相结合、执行与教育相结合、科学化制定与人性化实施相结合的原则。以质量为核心,形成全面质量管理制度;以激励为导向,完善教职工奖励分配制度;以发展为目标,制定教师专业化发展制度;以规范为坐标,实施教学管理制度。

第一节 环境文化:以环境营造美好

校园环境作为学校文化最直观的外显形象,成为学校文化建设的重要内容,是最具有个性的特色精神,如教育和管理观念、历史传统、行为规范、人际关系、风俗习惯、教育环境和制度,以及由此而体现出来的学校校风和学校精神。

环境分为软环境和硬环境两个方面,学校软环境包括制度、思想等非物质层面,主要体现在制度文化与价值管理中;而学校的硬环境,则指的是学校的整体布局与基础设施。美好的环境文化是一所学校办学思想、个性品位和学校内涵的集中体现,也是一所学校综合素质和综合竞争力的集中体现。借助学校环境文化这个载体,把学校建成师生向往的地方、孩子成长的乐园,让它像家园那样充满亲情,这是每一所学校在发展过程中努力去做的事情。同时,美好校园的环境文化建设也是贯彻实施学校办学理念的重要抓手和基本途径。

一、软环境升华境界

正所谓"一草一木会说话、一墙一壁皆育人",宽敞明亮的校园使人心情愉悦;高大美观的教学楼使人充满自豪;体育文娱设施让人身心活跃,昂扬向上。学校应将办学特色在外部环境的塑造中予以体现,将办学思路在整体布局的改造中予以凸显,将办学理念在外饰设施的布置中予以外显,充分体现环境育人的宗旨与目标。

"美好校园"环境还应具有丰富内涵,让校园充满活力和希望,使师生生活在其中能获得心灵的净化和精神的升华。"美好校园"文化,不仅要能和师生对话,还要能承载着一段校园"故事",对文化的形成产生推动作用,这样的校园文化才是有意义的。

二、硬环境愉悦心灵

　　1. 优化环境布局。根据学校的发展需要,对学校的整体布局予以优化调整。各功能分区以办公、教学、行政、实验、课程等功能需求为依据,使之分割更合理,特色更突出,设置更专业,资源更集中。通过校园合理化的布局,间接推动学校向着工作更高效、校园生活更便捷、师生心情更舒畅的目标前进。

　　2. 突出特色布置。根据学校特色,在外饰布置中予以突出体现。我们作为动漫特色项目校、家庭教育示范校、生命教育研习基地,以及体育多样化试点校,应提取其中特色,以直接宣传和间接渗透相结合的形式,以显性环境布置与隐性内涵建设相结合方法,将学校的外观布置与特色元素相衔接,在美化校园环境的同时,品牌特色得以彰显,学校特色在校内的影响力和校外的辐射力得以增强。

　　总之,人创造环境,同样环境也创造人。我们在营造适宜、美好的校园环境时还应注意遵循以下几个原则:一是安全性,学校环境的安全健康是校园环境策划的第一原则,是教育者人性关怀的一种体现,应在适当的建筑设施、景观设计处设提示语、宣传语等,以增强学生的安全意识;二是艺术性,环境作为审美的具体表现形态,对塑造学生的心灵美、语言美、行为美具有直观、形象的感化力量,"美好校园"的艺术性,具有恰当的审美特征和较高的艺术品位,从而带给师生以美的享受;三是校本性,这与学校的"美好教育"高度契合,能最大限度地传达学校的独特个性与价值追求,具有无法移植的独特之处,这样的环境会使校园更为灵动、更有生气、更能强化师生的认同感、自豪感、归属感。

第二节　行为文化：以行为彰显美好

　　行为文化是学校全体成员共同具有的思想观念和行为方式,体现着学校群体的荣誉感、自豪感,以及集体的意志和作风。它以一种无形的力量对学校中的每个成员产生着教育作用,以潜在的规则,规范着每个成员的行为,使生活在这个群体中的成员不断调节自己的心理和行为方式,以获得群体的肯定。"美好校园"通过文化引领,形成良好的集体舆论氛围,激励、感召、影响员工拥有积极的人生态度,唤醒教师内心向上、向善的一面,并能激发教师以道德力量自觉规范自身的言行,发挥自身的潜能,直接影响着学校师生的行为取向和价值观。

一、行为育人,以美好塑造美好

　　行为,指受思想支配而表现出来的外表活动。行为文化是人们在日常生产生活中表现出来的特定行为方式和行为结果的积淀,这种行为方式是人们所作所为的具体表现,体现着人们的价值观念取向,是文化层次理论结构要素之一。

　　学校行为文化即学校文化的行为层,是指学校全员在教育教学、活动开展、人际活动等日常行为中产生的文化现象。它是学校办学理念、素质修养、精神面貌的动态体现,也是学校价值、学校文化的外在折射。"美好校园"的创建,必须有正面、积极、健康、文明的行为文化作支撑,"美好"的行为文化是"美好校园"建设成果的终端体现,是"美好校园"对学生乃至教师的文化滋养和引领。我们通过构建积极健康、向上向善的行为文化,使校园的外在表现与内在气质得以优化、美化,使"包中人"逐步树立起文化自觉和文化自信。

　　我们认为学校行为文化的建设最终体现在学生行为文化的养成上,是文化育人的重要途径,兼具德育与美育功能。德育功能主要体现在陶冶学生的情操、规范学生的行为、培养学生的集体意识和协作精神。美育功能则主要体现在有助于学生培养健康的审美观念和审美能力。学生行为文化的形成,是校园文化对于学生作用和影响的外在表现与动态体现,是学校育人成果的重要标志。

二、行为聚心,体现价值引领

文化因素能够影响每个人的价值观念与生活信念,也从根本上影响人的需要。我们认为开展行为文化的建设能有效促进师生对于学校理念与文化的认同感,加深对于学校的归属感。行为文化的有效建设能逐渐形成趋同的行为习惯与行为认识,进而促成趋同的思想方向与价值认识,即所谓"知行合一"。行为文化的形成,是师生对于自身与学校、个体与群体间的关系认知和身份认同,帮助师生关注自身发展、关注自己的人生目标、关注学生的发展,是校园文化凝聚力和感染力的集中体现。(见表2-2-1)

表2-2-1　学校师生行为文化评价指标

指标 等第		A	B	C	D
行为文化	学生行为	行为价值观广泛趋同,全员体现积极健康、向上向善的行为特征。	行为价值观基本趋同,普遍接受积极健康、向上向善的行为要求。	行为价值观部分形成,但接受度和普遍性不足。	未形成普遍接受的行为价值观。
	教师行为	形成并践行广泛认同的行为价值观。	基本形成趋同的行为价值观,并予以一定实践。	行为价值观未能完全形成,但存在行为文化的共性基础。	没有行为价值观的形成意识和需求。

如何增强在校师生对学校行为文化的认同,我们可以从思想引领,内化个人行为自觉和组织活动,促进行为文化养成两方面入手。

1. 思想引领行为。通过各类主题教育、仪式教育等形式,以表彰先进、观摩事迹、学习榜样等方法,在思想上加强认识,在理念上得以提升。将需要提倡、发扬的行为文化通过理念的指导、思想的引领,逐步内化为个人的行为自觉。

2. 活动润泽行为。实践是最好的课堂,从实践中获得的经验和认识是最深刻、最坚定的。学校采取多样的活动育人方式,通过"爱心义卖""爱心一日捐"、校运会"师生同乐"、公益劳动等相关活动的设计和组织,为师生提供更多有利于行为文化养成的实践机会和活动平台。在实践过程中利用活动的交互润泽和行为的相互感染,树立起对"美好"行为的认识、认知与认同,逐步形成共同认可的行为文化。

我们还通过开展"四节"活动、形成学生"星级"评选机制、校园文化艺术系列活动等多种载体,依据不同学段学生特点,选择重点主题予以分层实施,初步形成特色体系,将德育工作扎根于核心价值、扎根于传统文化、扎根于学生心灵。坚持落实德智体美劳"五育并举"的全面发展要求,评选产生校级"学习之星""劳动之星""体育之星""艺术之星""科技之星",发扬他们身上的优点、闪光点,以及他们不断挑战自己、超越自己、完善自我的进取精神。

 案例 2-2-1

"学习于漪思想,叩问教育之魂"主题论坛活动

2019 年我们结合"学习于漪同志先进事迹"活动组织全体教师开展"学习于漪思想,叩问教育之魂"主题论坛交流。邀请学校青年教师畅谈学习于漪同志先进事迹的感想。其中,六年级组的陈周麟老师从一名见习教师的视角,讲述了自己学习于漪老师教学观的过程中,陈老师讲述了自己从一名大学毕业生到一名人民教师的心路转变,感佩于漪老师直面困难的意志和勇气,深受于漪老师富有智慧的教学手段的启迪;七年级组的周慧玲老师作为职初教师,从爱生、反思、创新的三个方面畅谈学习感悟,表达了自己也要一辈子学做教师的感动之情和奋斗将贯穿整个教师生涯的成长感悟;成熟教师代表八年级组陆琦老师,从于漪老师不断为学生着想、对自身专业水平精益

求精的教学精神中,深刻理解了于漪老师"用生命润泽生命,用师表成就师表"的高尚品格;经历过于漪教育思想研修班的九年级组舒思韬老师,通过体会于漪老师从一位普通教师成长为一代教师楷模的过程,传递了"一辈子做老师,一辈子学做老师"的深刻含义及崇高敬意。

教师们通过论坛交流思想、促进内化,明确了自身的职责:作为光荣的人民教师,我们一肩挑着学生的今天,一肩挑着国家的未来,为了实现教育理想,我们要扎实地做好本职工作,提升教书育人的水平,争做教改排头兵,向于漪老师致敬,循脉教育模范足迹,叩问新时代教育梦想,一辈子做教师,一辈子学做教师。

 案例 2-2-2

"寻找身边的榜样,讲好美丽的故事"师德师风建设品牌项目建设

2018 年,学校由工会牵头,积极开展数字故事展播——"美的故事"师德建设品牌项目,弘扬爱生敬业的良好师德风尚,建设美好团队,营造积极健康、向上向善的教师行为文化。

首先,结合校训厘清美的概念。我们把校训八个字的概念进一步梳理,归纳起来。"尚德",是指崇尚道德为先,弘扬品行为首,将道德和品行作为立人之本、育人之基。具体表现在追求师生个人品德的修为,关注教师职业道德的修养。"明理",是指人伦事理与科学至理。人伦事理,即引导师生通晓事理、明辨是非、通情达理。科学至理,即培养学生掌握科学常理,勇于探究科学真理。"合作",是指学生间学会合作,同成长、深友谊;师生间乐于合作,互尊重、促教学;同事间善于合作,融智慧、齐发展;家校间勤于合作,增了解、共成就;校社间主动合作,谋发展、促和谐。"包容",是指人与人之间的包容、思想的包容、人与环境之间的包容,学校、社会与家庭之间的包容。这四个词和普世的"美"高度重合,并体现了教师职业道德的要求和"包中人"应该有的精神

追求和行为准则。

随后,我们通过召开专题研讨会,对师德专项建设进行顶层设计,对目标、内容、方法、管理和评价等一一进行设计,并充分听取各组室意见,并对方案初稿加以微调。整个设计、听取意见的过程也是汇聚师心、凝聚智慧和提高参与度的过程。最后形成我校师德师风建设的实施方案,老师们践行校训、发现美行的行动开始了。

我们通过一个学年的时间,不断总结教育教学工作,回顾教师们践行校训的点滴,梳理教师体现"合作、包容"校训和良好师德风貌的事迹,并制作成活动数字故事。结合教师节主题庆祝活动,我们向全体教职工播出了数字故事—"美的故事"。通过数字故事的展播,集中展现了包中教师们默默无闻、甘于奉献的师德风貌,提升了教师的职业自豪感,加强了师德师风建设,也融洽了教师之间的关系。在今后的工作中,我们将继续找准强校工程工作切入点和着力点,针对备课组建设、家庭教育、对随迁子女的教育等过程中展现出的师德之美,进行总结提炼,围绕强校工程,把包头中学的美好故事说好,把"包中人"的育生故事传播好,强化师德建设,让积极健康、向上向善成为每一个教师的行为文化。

第三节　制度文化:以制度守护美好

制度文化是实现教育目标而制定的有组织的规范体系,它作为校园文化的内在机制,包括学校的传统、仪式和规章制度,是维系学校正常秩序必不可少的保障机制,是校园文化建设的保障系统。学校发展需要校长的人格魅力、制度的公平公正,文化熏陶下的教师自我发展意识的觉醒等。

以文本形式表现出来的学校制度,是促进学校持续发展的根本保障,是基于学校章程而形成规范办学的系列要求,是学校管理者想要规范员工行为、维护学校秩序的一种美好愿望。因此制度文化建设是不可或缺、永无止境的。

学校制度是学校意志和教师意志的统一，制度的出台要发扬民主、关注过程，且具可行性和合理性，共同寻找解决问题的途径，在形成共识的基础上，再经过教职工代表大会审议表决出台制度。美好文化内涵只有被教师真正认同，才能达成共识、自觉遵守。

一、科学与人文有机统一

学校制度文化是学校在日常管理中逐步形成的管理机构和规章制度，体现学校特有的管理理念、人文精神和运行效果。其内涵既包括相对稳定的规章制度和工作规程的建立，又包括这些规章制度能够全面实施，确保学校各项工作正常有序运转的管理机制。它是一所学校教育、教学工作得以顺利进行的条件和保障。在强校工程的背景下，我们通过积极构建科学民主、人性法治的制度文化，使校园的外在表现与内在气质得以优化、美化，使师生逐步树立起文化自觉和文化自信。

实践证明，"美好校园"的创建，必须有制度文化的配套建设。制度文化的建设要遵循约束与激励相结合、执行与教育相结合、科学化制定与人性化实施相结合的原则，规范每个教师言行的同时发挥教师潜力，提升教师的专业能力。

1. 约束与激励相结合。学校管理需要刚柔相济，既要遵循以规章制度为中心的刚性管理，又要体现以人为本的人本化管理。制度是刚性的，需要无条件地执行。但是，教师的需求是多元的，这就促使我们考虑如何处理好刚性管理与人本化管理之间的矛盾。制度无情人有情，但不是变通制度，而是在制度设计中考虑到教师的困难和需求，在严格执行制度后辅之以关心和抚慰。因此，在制度建设中我们要关注奖惩结合，以惩来强化刚性约束，又要以奖来强化柔性激励。形成群体与组织中的学习气氛，使个体价值得到实现，组织绩效得以提高，将文化的精髓融入刚性的制度中。

2. 执行与教育相结合。在制度执行过程中，要增进与师生的交往与交流，从需求、动机、情感等多维角度来加强与师生的心理沟通,强化对师生的正向激发,使师生以学习和行动为中心,实现自我更新。

3. 科学制定与人性实施相结合。制度的制定必须合理、可操作,有利于科学管理。但在执行过程中要避免一味地"唯制度化",应同时对教师的思想和内心予以考量,持续催发教师自觉执行制度的内驱力,不断提升师生的自我约束和自我管理水平,进而使制度管理从外在约束逐渐演进到内在自律,实现制度从静态的"文本"文化到动态的"行动"文化的顺利转化。(见表 2-3-1)

表 2-3-1 学校制度文化评价指标

指标 \ 等第		A	B	C	D
制度文化	制度制定	制定过程民主、公正,广泛听取意见,制度合理、可操作,群众接受度高,有利促进和保障学校工作的开展。	制定过程听取部分群众意见,制度基本合理可行,群众基本接受,对学校工作开展具有积极作用。	制定过程以行政决议为主,少量听取群众意见,制度存在部分瑕疵,有待改进。	制度制定完全遵循行政意志,未能体现群众意见,制度存在明显缺陷,亟须重新修订。
	制度执行	制度执行公平、公正,按章办事,人性实施,积极推动学校工作的整体运行。	制度执行公平、公正,按章办事,但略显僵化、呆板。	制度执行基本公平、公正,部分制度执行存在政令不通,实施不到位的情况。	制度执行严重不到位,形同虚设,缺乏制度的权威性和严肃性。

二、以制度为依托确保美好

我们坚持以质量为核心,以激励为导向,以发展为目标,以规范为坐标,通过制定全面的质量管理制度,不断完善教职工奖励分配制度,科学合理地制定教师专业化发展制度,严格实施教学管理制度,使制度真正成为促进学校持续发展的根本保障。

(一) 形成全面质量管理制度

我们认为制度管理的最终目标是提高学校管理效益和教育质量,应以实施学校全面质量管理为核心,实施和完善全面、协调的学校质量管理制度。在学校质量管理的点、线、面上,将学校规划策略、发展目标确立、工作计划制订、考评督办检查以及奖励惩罚等各项制度统筹协调、统一整合,形成一整套系统、全面、协调的管理制度。(见表2-3-2)

表2-3-2　上海市包头中学"好备课组"评选细则

考核项目	具 体 要 求	分值	得分
常规项目	1. 在规定的时间内上交备课组计划、教学进度表和总结,内容完整充实,可操作性强。	2	
	2. 每周进行一次集体备课,定时间、定地点、定主讲人;能统一教学目标、统一教学进度、统一重点难点,并有详尽的活动记录。	10	
	3. 组员能认真落实教学五环节(备课、上课、作业、辅导、评价),追求课堂有效性。	10	
	4. 练习卷、测试卷能分工合作,组长整合,体现团队力量。	2	
	5. 精选作业,能统一作业量,作业时间,体现减负高效。	3	
	6. 组内各成员对学生能实行分层辅导,提优补差。	5	
	7. 组长能组织组内成员每两周进行一次组内的听课、评课交流。	5	
	8. 按时参加学校举办的本学科教学公开活动,并积极参与评课。	5	
	9. 组内成员能按时参加校教研组、区教研活动。	10	
	10. 组员能积极学习教育教学理论,有学习心得,在学校组织的组长会议、教研组活动、质量分析会上能进行专题发言。	5	
	11. 期中、期末考试试卷批改严格按程序进行。	3	
	12. 按时完成学校教务处布置的各项任务,并在规定时间内上交文本材料。	5	
特色项目	1. 组内成员积极主动承担学校范围内的非指定教师的教学研讨活动。	10	
	2. 组内成员积极参加学校科研活动,并担任子课题负责人或课题组成员。	10	
	3. 在期中、期末考试中成绩稳中有进。	10	

考核项目	具　体　要　求	分值	得分
	4. 组内成员积极主动开设拓展型课程,有教案、有记录、有反思。过程完整,学生有收获。	5	
特色加分	1. 各项检查被评为优秀者,每人次加2分。		
	2. 辅导学生学科获奖(区优胜奖以上),加3分。		
	3. 组内成员在区级及以上教学比赛中获奖,每人次加5分。		
一票否决	1. 组员有悖师德、侮辱、谩骂、体罚或变相体罚学生。		
	2. 组员有教学事故。		

总分＿＿＿＿＿＿＿

(二) 完善教职工奖励分配制度

教职工奖励分配关系到教师的切身利益,我们不断探索建立科学规范的分配机制,充分发挥绩效的杠杆作用,以责任和业绩为依据,坚持多劳多得、好劳多得的原则,合理拉开差距。在奖励分配制度的制定过程中,我们也坚持通过深入调研、听取意见,适时调整完善绩效分配办法,坚决维护教职工利益,构建科学合理、公平公正的激励机制,进而优化学校内部分配办法。

(三) 制定教师专业化发展制度

教师专业发展的最终受益者是学生,因此教师的专业发展也是学校工作中的重中之重。我们通过建立教师专业发展制度来鼓励和保障教师的专业成长。我们根据学校教师年龄特点,尝试为教师创设良好的三段式发展模式,即建立磨砺机制——搭建观摩平台——形成发展模式。同时,也为教师搭建便捷的三段式发展阶段,即旨在刻苦磨砺、适应岗位的成长期,到相互研讨、各取所长的成熟期,到教有所成、辐射经验的成就期三个阶段。(见表2-3-3)

表 2-3-3　职初教师——骨干高级——名师的三级梯队发展模式架构

发展类型	发展目标	培养途径
名师铸造	将"成为一名名师"作为每一名教师的美好愿景和梦想	"双名工程"有机融入
骨干培养	使"成为一名骨干教师"作为全校教师共同的美好期许和努力目标	发挥校内骨干力量 引入区内专家团队 依托集团化办学资源
职初成长	赋予职初教师美好的起点	构筑校本师资培养平台 个体带教与团队带教相结合

(四) 实施教学科研管理制度

针对教师的教学工作,我们从规范教学基本行为入手,严格按照教学五环节,从备课、上课、作业、辅导、评价五个维度,通过查教案、观课堂、评教学、翻作业、析成绩等方式对教学质量进行把关。保证每位教师在每个教学环节都遵循必要的规程,保持教学活动的有序开展,保障教学秩序的规范运行。

我们还制订了《上海市包头中学教科研课题管理办法》,规范和加强我校教科研课题的管理,提高教科研课题的管理效率和实施质量,确保各类教科研项目的顺利完成,促进学校教科研水平的提高,实现"科研兴师、科研兴校、科研兴教"的目标。

第三章 美好团队：以专业视角提升教育境界

美好的团队,体现在教师的心灵美、行为美、教学美上。以自我之大美感染学生、以育人之大美培育学生,最终实现师生共同之美。美好的团队,也必然是教学好、素养好、品行好,以优质的教学能力教授学生,以良好的素养提升自我,以端正的品行引导学生。美好的团队不是一朝一夕的形成,是在与个人、同行、学生、学校共同发展中逐步凝练而成,是内驱动力与外驱推力共同作用下的成果,是教师发展的高位境界,是学校发展的成功核心。

"师者，传道授业解惑也。"作为学校的核心组成之一，教师是学校工作开展的主体，教师的整体质量决定了学生的成长与学校的发展。因此，我们认为兴校必先兴教，强校必先强师。

　　强师，不是攀比，脱离校情的盲目攀比，既不科学，也不可行；强师，不是盲从，不切实际的效仿学习，只会是东施效颦、画虎类犬；强师，不是运动，没有章法地低头猛进，换来的往往是一地鸡毛，一无所获。强师，必然是学校在发展过程中，有目标、有指向、有方法的引导与建设，是学校内涵发展的关键核心，是学校优质发展的可靠资本，是学校长久发展的稳定依靠。必须要得法、得心、得势。得法，即有方法，具有符合自己学校校情实际的实施办法；得心，即得人心，能够统一认识，凝聚全校教师共同形成发展的需求和愿景；得势，即明形势，根据社会整体的发展趋势与政策导向，开展导向正确、明确的教师培养与培训。美好的教师团队，必然是心灵美、行为美、教学美。以自我之大美感染学生、以育人之大美培育学生，最终实现师生共同之美。美好的教师团队，必然是教学好、素养好、品行好。以优质的教学能力教授学生，以良好的素养提升自我，以端正的品行引导学生。美好教师团队不是一朝一夕就会形成，是在与个人、同行、学生、学校共同发展中逐步凝练而成，是内驱动力与外驱推力共同作用下的成果，是教师发展的高位境界，是学校发展的成功核心。

　　美好团队的塑造，应遵循教育教学规律与人才培养规律，坚持"个性化发展，差异性成长，整体性提升"的原则，以提高教师整体素养为目标，以解决教师职业倦怠及发展瓶颈为突破口，将教师的成长与个人的成长深度融合，将教师的成功与学生的成功紧密结合，将教师的发展与学校乃至社会的发展有机联系，以创造美好教育、美好学校、美好社会的站位高度予以实施，成为学校、教育、社会发展的缩影。

　　基于强校工程的强师资目标，学校以教师团队为学校团队的核心中枢，坚持"三有",即:"为人有德、为师有道、为学有法";坚持"三修",即:"修炼师德、修炼课堂、修炼课程";坚持"三发展",即:"职初教师、骨干教师、名师优师的梯队发展"。从师德素养、研究能力、专业教学三个维度入手,为明显提升教师专业素养与业务能力创造条件,着力提升教师的师德师风与专业素养,竭力建设一支风清气正、师德高尚、业务过硬、具有正确教育观、课程观、学生观,具备一定科研素养、特色专长及课程研发能力的教师团队,逐步形成职初教师——骨干高级——名师优师的三级梯队发展模式,以支撑、满足学校学业质量的提升及课程研发建设的需要,为学校办学质量的整体提升提供核心动力。

第一节　立德树人,修炼美好师德

《礼记·学记》有云:"为人师者,必先正其身,方能教书育人,此乃师德之本也。"师德,是每位教师的立身之根,从教之本,是"立德树人"根本任务达成的首要前提,是一切教育和爱的原点。

中华民族历来尊师重道,亦崇尚美德,两者合一成为师德。师德不仅是教师的职业道德,而且是更高境界的德行操守。无德者,尚不为人,况为师焉? 我国教育家夏丏尊曾说过:"教育之没有情感,没有爱,如同池塘没有水一样,没有水就不能称其为池塘,没有爱,就没有教育。"这里"情感"和"爱",就是源自教师良好德行与职业规范的外在表现。教师美好师德的修炼,就是让每位教师发展自己的育人理念,修炼美好的德行,学会过美好生活,学会爱孩子,学会爱生活。

一、迈向专业道德殿堂

中共中央国务院《关于全面深化新时代教师队伍建设改革的实施意见》(以下简称

《意见》提出：健全师德建设长效机制，推动师德建设常态化长效化，创新师德教育，完善师德规范，引导广大教师以德立身、以德立学、以德施教、以德育德，坚持教书与育人相统一、言传与身教相统一、潜心问道与关注社会相统一、学术自由与学术规范相统一，争做"四有"好教师，全心全意做学生锤炼品格、学习知识、创新思维、奉献祖国的引路人。该《意见》的出台，对如何破解当前亟待解决的突出问题，如何加强师德师风建设，如何提升教师专业素质能力等作出了顶层设计和明确要求。

立德树人，对象不仅在于学生，也在于教师自身。教师是学生的镜子，学生则是教师的影子。教师，作为学生成长的重要见证者、引领者，其言行举止对学生的影响深刻长远。以德立身、以德立学、以德施教、以德育德，这些行为看似"曲高"，但并不"和寡"，这些德行上的要求恰是当下教师必须具备的基本素养。无德何以立身、何以为学、何以为师？教师的美好德行，必将感染学生，引导学生，让学生受益终身，这即是以德育德，这即是立德树人。当教师以自己的亲身品行、自身德行引领学生迈向崇高圣洁的道德殿堂，就是教师向导师的成功蜕变。

二、深化师德建设的途径

修炼美好师德，需要学校通力合作，通过建立学校师德建设机制，丰富拓宽师德培养途径，开展全员覆盖的师德培养项目，健全师德考评机制，不断推动学校的师德师风建设，在教师群体中树立"有坚定的理想信念、有高尚的道德情操、有扎实的学识作风、践行初心使命"的师德目标。

（一）创设师德建设机制

我们认为"三全育人"的目标指向不仅限于学生，也是对全社会人才培养体制机制创新改革的实践。对于教师的师德培养，同样应贯彻"全员育人、全程育人、全方位育人"的原则，使美好师德的修炼不是一次的活动，也不是阶段性的培训，而是覆盖所有教师、贯穿整个职业生涯、渗入工作的各个角落的职业必须。因此，机制的保障成为师德建设不可或缺的首要前提。学校必须完善师资培养制度建设,确立师德建设机制为教师队伍建设的重要组成,为美好师德的修炼搭建平台、修订制度、提供资源。使教师的师德培养有平台、有制度、有资源,成为常态化的工作机制。

1. 丰富拓宽师德培养途径。我们依托学校"青蓝工程"等品牌项目,将研修主题从课堂教学延伸至师德建设,将师德建设与教育教学一同作为教师专业发展的工作重点。将师德建设融入校本研修,通过主题论坛、座谈、演讲、观摩等师德系列主题活动的开展,浸润式地深化师德建设。举办师德主题演讲、师德征文评比等师德系列主题竞赛;举行"爱心一日捐"、公益劳动、"一帮一结对"等师德系列主题仪式。利用形式多样的活动与评比,丰富学校学习师德、宣传师德、践行师德的途径和形式。

2. 全员覆盖师德培养项目。我们需要走出以往师德建设定位为德育建设的误区,跳出育德能力项目以班主任为主要对象的禁锢,将师德主题培训项目面向全体教师开展,实现师德培训项目的全员覆盖。逐步构建师德培养课程。在理论研讨层面,通过讲座指导、主题研修、读书学习、情境模拟、同伴互助等活动形式,加强对全体教师育德能力的培养。面向全体教师开展在育德主题论文、案例的撰写评比,将德育队伍的内涵从班主任队伍拓展到全校教师,围绕《中小学德育工作指南》提出的六大育人途径,鼓励全体教师从课程、文化、活动、实践、管理、协同等途径全面开展典型德育案例的征集,做到学科全覆盖、青年教师全覆盖,充分体现"人人都是德育工作者"的理念。旨在通过德育案例的撰写,在加强育德主题写作能力的同时,将师德的修炼通过专业写作,提升到理论高度予以思辨。

 案例 3-1-1

地理学科课程育人之道

地理学科作为一门文理兼修的综合类学科,其研究对象之多、研究范围之广、研究方法之丰富、研究目标之多元,在所有学科中堪称佼佼者。而如何拓展地理教学的外延,在教授知识与技能的同时,发挥其育人的职能,一直为广大地理教师所关注。本文聚焦学科德育,探求地理教学的育人方法与策略,为地理学科在育人方面的研究提供借鉴与参考。

早在十几年前,《上海市学生民族精神教育指导纲要》和《上海市中小学生生命教育指导纲要》(简称"两纲")的颁布,就明确了学科教学在德育工作中具有不可推卸的责任与义务。每位教师从走进课堂的那一刻起,肩上就担负着传道与授业两大重担。所谓授业,可理解为传授学业知识与技能;而传道,不再仅仅是儒学的圣人之道,而是传播正确的德行品性及修养,这即是教师的育人职能。

然而,目前在义务教育阶段,学科德育的现状并不容乐观,学生、家长乃至社会都将关注点聚焦在教育的育分上,往往忽略了其育人的功能,从而人为地将育分和育人硬生生割裂了开来。智育与德育就此分道扬镳。

就以地理学科来说,地理学科本身并不乏一些可供德育采用的内容和素材,但是教师在教学中往往不善于用、不乐于用,所谓不善于用,即不知如何去用,缺乏适合的方法;所谓不乐于用,即不愿意去用,缺少积极的态度。前者是客观能力因素,后者是主观态度因素,只有两者都得以改善,地理的学科德育才不只是一句空话。

我校作为一所随迁子女比重较大的公办初级中学,家庭教育背景及质量差异较大,如果仅仅依靠德育处、班主任开展育人工作,途径趋于单一,不仅难以起到理想的效果,而且禁锢了德育工作的外延。

因此,如何拓宽德育工作的实施途径,利用好课堂教学资源,为德育工作提供助力,是值得探讨和研究的课题。而地理学科作为文理兼修、自然与人文兼有的科目,正是协同德育工作开展的重要辅助。

一、以德渗知,德知融合

学生的学习离不开教材,教材对于教师对学生进行渗透德育教育具有重要的意义和影响。地理教材作为新课程理念的重要载体,不仅有丰富的知识,也蕴含情意要素。

例如,课本章节中的阅读资料、地理小故事、唯美的地理景观图片等,都蕴含着丰富的地理德育内容。专业素养较高的老师善于捕捉这些德育素材,充分开发利用,提高课堂德育实施效果,激发学生的兴趣,同时让学生学会发掘教材以及身边的资源。但有的地理教师则对此熟视无睹,忽视了地理教材中德育资源的开发。也有部分地理教师仅关注传统的德育教育内容,如爱国主义情感等,而忽视学生急需的科学发展观、人口观、国际化全球化等内容,思想较为保守,不善于汲取新的时代德育内涵,课堂上实施的德育内容较为单一。教师应充分挖掘初中地理教材中的德育因素,遵循教育学、心理学有关教学原理,使德育教育更加科学化和理论化。

二、整合资源,多元实施

(一)以网络为依托开发新资源

尽管教材作为教师学生沟通的文本,是师生交流的重要平台,但受制于篇幅,内容较为有限,且受制于固有形式,实施手段较为单一。因此,需要教师以教材、学生及网络为依托开发新的教学资源。地理课程资源开发利用的程度,直接关系到地理课程实施的效果和水平。在地理课程资源开发前,首先要树立科学的地理课程资源观,结合网络设施进行开发利用。例如,在讲"我国水资源的特点"时,播放长江中下游地区发生洪涝灾害的图片,以及云南大旱的新闻视频,展示干裂的土地,以及村民等待分水的场景,学生通过这些真实的景象更容易理解我国水资源分布不均衡的特点,养成节约水资源的良好习惯,并使学生具备一定的灾害意识。

(二)充分利用地理课外活动

地理课外活动是地理课堂教学的补充和延伸,是进行德育教育的有效途径,它具有机动灵活、选题丰富的特点。实践活动可以将学生和所学内容有效联结起来,开展有意义的地理实践活动可以调动学生学习的积极性。教师应充分利用好课外活动这块有效阵地,如举办地球日活动,帮助学生树立保护环境、可持续发展理念;开展世界节水日活动,使学生懂得节约水资源;开展低碳环保的活动,使学生养成绿色出行的意识等。这些有意义的活动可以帮助学生获得教材上没有的知识,培养课堂上获得不到的能力。还可以结合课堂教学内容,组织学生开展参观、调查、访问等形式的活动,以便于把理论知识与实际结合起来。地理课外活动不仅有助于开阔学生的视野,还可增强实践能力,促进其全面发展。

（三）联系生活，以近知远

"关注贴近学生生活的地理"是地理课程的基本理念，课程标准强调："中学地理课程应密切联系学生现实生活，使学生在生活中能够自如应用地理知识，养成地理意识。"通过学习不仅要使学生掌握地理知识，更要帮助学生学会用地理眼光欣赏生活和世界。教师在教学过程中要密切联系生活实际，关心地理新闻，并及时组织学生开展讨论。虽说学生平时学习任务较为繁重，但若教师能够及时把地理新闻与学生分享沟通，并将其与生活实际相联系，可大大提高学生地理学习的积极性，使学生成为社会的有心人。

例如，在学习中国的气候这一部分内容时，教师可结合广东省出现的台风，和同学们讨论台风的形成机理、影响，以及预防措施。使学生对我国气候的特点有更深刻的认识，用知识克服自然灾害的思想自然而然在学习知识的同时深深植根于脑海中。同时也应联系生活实际，使学生明白日常生活中的举动都会对环境产生影响。例如：随手乱丢垃圾、使用一次性筷子等，都会破坏环境。教师可以通过各种形式向学生宣传这些日常行为给环境造成的破坏，在潜移默化中对学生进行德育教育，促使学生养成环境保护的良好意识和行为习惯。

叶圣陶先生曾经提出："受教育的意义和目的是做人，做社会的够格的成员，做国家的够格的公民。"因此，课堂不仅是讲授知识的舞台，更是育人的重要阵地，学科德育作为学校德育工作的重要抓手与途径，必须致力于教书与育人相统一，是学校德育的基本内容和主渠道。

从学生发展的角度来看，初中生身心发展迅速，也正处于思想品德和价值观念形成的关键时期，在该阶段培养学生进行道德学习、注重品行、养成良好的道德习惯意义重大。在初中阶段，地理学科在对学生进行爱国主义教育，培养学生人地协调观、环境伦理观、人口观、因地制宜意识、全球意识等方面具有独特的价值。同时，素质教育发展树立了"为了每一个学生终身发展"这一核心理念，即教育要着眼于学生的全面发展和终身发展，要使学生学会做人、学会生存、学会学习、学会创造。在这一理念的倡导下，中学地理课程不仅要设计有利于学生终身发展的地理内容，还要将"立德树人"的教育理念落实到地理教学中,以便于最大程度地发挥地理学科德育价值,切实提高学生思想道德水平,促进学生的全面发展和终身发展,使其成为对社会有用的人。

从地理学科本身的角度来看,教育的基本价值在于促进人的全面发展,《地理教育国际宪章》中提出,地理不仅对促进个人教育的发展具有重要作用,而且对国际教育及环境和发展教育也做出了重大贡献。地理学科主要研究地理表层的自然要素、人文要素及其相互关系,具有综合性、动态性以及区域性的特点,它在培养学生的爱国情感、人地协调观念,以及可持续发展理念等道德意识方面具有独特的价值和意义。地理学科只有在满足学生的需求,并被传递给学生时才能够发挥出它的教育价值。因此,研究初中地理德育现状,详细分析学生学习和发展需求,精心设计地理学科德育实施策略,既能够在教学中实现育人价值,也有利于充分发挥地理学科的价值。

因此,德育在地理学科中的科学融入、有机渗透,不仅对学生德行品性的养成有着积极的作用,更对地理学科自身核心素养的体现起到有力的推动。学科与德育,两者共进共荣,合力育人!

3. 发展创新培养内容。教师职业的特殊性决定了师德培养内容的特殊性,"教书育人""为人师表"的要求永远不会过时。应结合时代特点和社会发展,不断创新师德培养内容。

教师职业理想和荣誉感教育是师德培养过程的起点,我们从见习教师着手,开展系统的职业理想培养教育,增进教师的职业认同感与归属感,树立教育事业使命感和责任感。其次,把社会主义核心价值观和师德培养有机融合。社会主义核心价值观确保了师德培养的社会主义方向。应当结合师德行为规范有关要求,将社会主义核心价值观进一步细化,融入师德教育的方方面面,在师德培养中践行社会主义核心价值观。第三,把"四有"好老师作为师德培养的重要内容。在教师群体里中树立"有理想信念,有道德情操,有扎实学识,有仁爱之心"的"四有"好老师标准,使之成为学校师德培养的重要内容。

(二) 健全师德考评机制

师德建设是一个需要长期坚持的过程。我们认为建立健全师德的考评机制，将有助于进一步明确教师的边界，为师德师风建设提供更有针对性和指导性的制度基础。明确教师言有所禁、行有所止，从根本上杜绝师德失范、学术不端等问题。为师德培养、师风建设提供牢靠的机制保障。

1. 完善评价方法。我们依据《中小学教师师德规范》文件精神，结合《中小学教师职业道德规范》要求，根据学校师资现状，建立教师师德测评机制。我们确定了反映教师师德现状的"绿色指标"，形成评价量表，重点聚焦教师师德的现状与发展，逐步建立教师师德监测指标体系与长效机制，每年出具《包头中学师德"绿色指标"分析报告》，为美好师德的建设提供依据。使师德建设工作有法可依、有章可循、有据可查。

2. 制定考核制度。我们始终将师德作为教师考核的重要指标，推行师德考核负面清单制度，形成教师个人师德档案。依照一票否决、占分比重大等原则，确立师德指标在考核中的关键地位，在年度考核、职务评审、岗位聘用、实施奖惩中有所体现，尽可能多地发挥其正向效应。并通过对接职称晋升、先进评比等方案，将考核结果作为晋升、评比的重要依据。通过座谈、问卷等形式广泛征求师生意见，确定师德考核基本维度，采取线上与线下相结合、座谈与问卷相结合、学生评价与教师评价相结合、个体评价与团体评价相结合的形式，做到客观评价、公正考核、有效激励、筑牢底线。

第二节　潜精研思，修炼研究能力

如果说教学能力是衡量教师的工作能力的基本指标，那研究能力则是评测教师发展潜力的核心指标。坚持学习教育教学理论，不断反思总结经验、提炼有效方法、归纳整合策略，则是教师走向卓越的主要途径。教师对研究能力的修炼过程，便是自己职业素养不断提升的过程。

教师的专业能力应综合体现于台前和幕后。台前,即教学能力和育人能力;幕后,即教科研能力和教研能力。缺乏研究能力的教师,只能被动地接受他人的教学理念和方法,施行他人的课程设计和目标,难以独立自主地发展、实践自己的教育思想与策略。如何实现教育与教师的自主发展、同步发展,其核心技术,就是教师的研究能力。因此,修炼研究能力的宗旨就在于让教师通过潜心钻研,逐步形成自己的育人理念与策略,将教育做得丰富而美好。

一、制定科学高效的研究策略

修炼研究能力,其本质是基于科学的角度,观察教学现象、发现教学问题、研究教学方法、探索教学规律、形成教学理念。因此,在引导教师投入研究之前,必须制定科学的研究策略。让教师摸对门、走对路、找对人,切忌像没头苍蝇般胡乱研究,也不能如田间杂草般野蛮生长。而是要着眼自身实际,寻找相适应、相匹配的研究方向、研究资源、研究模式、研究目标。

(一)"内外兼修,研训一体"建立研究能力培养机制

我们通过内外兼修的"双轨并行"形式开展教师的研究培训工作。所谓"双轨并行",即一方面,集聚、引入校外资源,通过邀聘专家,以短期讲座、中期带教、长期结对相结合的形式,培养、提升教师的研究能力。另一方面,校内发掘教师潜能,排摸、了解教师的能力专长,了解其参与研究的意愿和需求,为其开展研究工作搭设平台、创造条件。

同时,我们也利用好本校的优质师资,将本校学科名师、学科带头人、骨干教师、高级教师组织整合为一支骨干研究团队,引领全校的研究工作。鼓励骨干研究团队成员创设工作室,制定核心课题,吸纳成员共同开展研究。在研究实践中增强研究能力,在能力培养中推进课题研究,使本校教师逐步提高课题研究的核心竞争力,形成"内外兼修,研训一体"的研究培养模式。

(二)"立体对接,共享收益"确立课题设置基本原则

如何有效地、科学地引导教师选择课题研究方向、制定课题研究目标,将课题的研究过程打造成为师、生、校、社共同受益的发展历程,是我们一直在思考的问题。因此,我们尝试通过"三个对接"的方式入手,引导教师开展课题研究。

"三个对接",即做到"师校对接""师生对接""校社对接"。"师校对接",即课题的设置要和学校的发展现状相衔接,个人课题、团队课题与学校整体发展间的联系要有所把握。"师生对接",即课题的设置要和学生的发展需要、家庭的发展愿景及教师的专长特点相对接,重视师生的主观意愿和客观能力,关注学生成长与家庭发展的增长点。"师社对接",即课题的设置要立足于讲台与课堂,但又不限于讲台与课堂,要提高站位、拓宽眼界,将自己的课题研究与社会的发展大势相结合,将自己的教育事业汇入至民族进步的滚滚洪流中,将课题的设置与社会的期望需求相对接,倾听来自社会的声音,了解源自社会的需求,所研究形成的课题成果不仅能转化为育人实效,更能顺应时代与社会的发展需要。争取通过以上的"三个对接",最终形成一批有利于教学、造福师生、辐射区域、贡献社会的优质课题与成果。

二、搭设广泛参与的研究平台

(一)科研课题全面覆盖

我们认为参与科研不应该是学校部分教师和职能部门的工作,科研项目的开展不是孤军奋战的点点星火,而是全校一心的团体战、全民战,有时甚至要以"运动式"的开展呈燎原之势。因此,必须鼓励、动员全校教师积极参与科研工作,并配套制定激励机制,确保科研项目落实到组、落实到人。做到人人知晓、人人参与、人人获益。

近年来,我们始终坚持"课题引领,科研兴校、以研促教、以思立学"的整体方针,不断加强课题管理,努力形成"人人有课题、教学讲研究、研究促改进"的学校科研氛围。例如,针对区域内每年开展的市区级课题申报工作,我们由校长室牵头,科研室主要负责,从教学和德育两条线开展全体教师的动员,特别是青年教师,鼓励和引导教师从课

堂和班级管理中找问题,从实际问题出发确立科研课题,通过研究探寻答案。在整个课题研究的推进过程中,我们也会积极为教师搭建平台,定期邀请专家予以相应的指导,帮助教师更好地开展课题研究。同时,我们也会针对部分教师科研素养欠缺的现状,建议其作为研究成员参与课题的研究,形成骨干教师领衔、成熟教师主持、青年教师参与的工作格局。

2019 年,我们全校累计申报课题 14 项,为当年全区初中范围申报数量最多,其中"初中数学课堂教学中'学生活动设计'的案例研究"获评区及一般课题;"初中英语阅读教学中'思维导图'运用的策略研究""基于学生数学思维培养的初中数学单元设计的行动研究"获评规划课题,均创历年来新高。针对没有入选的课题,我们也将其确立为校级课题,确保课题可以继续开展,并对每项课题制订年度推进计划,定期检测课题的阶段推进情况。

 案例 3-2-1

"初中英语阅读教学中'思维导图'运用策略研究"简述

思维导图是一种促进思维过程形象化、可视化的工具。由英国心理学家东尼·伯赞首次提出。在初中英语阅读教学中运用思维导图,可直观、有层次地显现篇章结构、连接方式及重要观点和事实依据,便于学生的理解、记忆和表达,增强思维能力。

开展本课题的研究主要是基于当前的中考改革对学生的思维能力和教师的教法提出了更高的要求。由于初中高年级阶段的词汇量增加、文本偏长、阅读难度较大,我校学生在进校时基础就比较薄弱。到了高年级,就出现了理解阅读材料更是难上加难的现状。我们思考,思维导图作为一种图式化工具,能否促使这些基础薄弱的学生更好地吸收和掌握复杂的知识内容,我们又如何有效运用这一工具呢?基于以上问题和现状,我们就以我校学生为研究对象,围绕思维导图进行课例研究,旨在探寻一种适合我校学情的切实可行的阅读教学策略。希望通过在阅读教学中运用思维导图,充分锻炼学生的思维。掌握思维导图的使用方法后,学生能够有效实现思维的延伸,将其运用到其他方面,内化为自己的学习技能。对于学生,特别是对基础薄弱、阅读水平较低的学生来说,对于其长期的学习具有一定的实践指导意义。

本课题的研究目标主要包括三个层面。从教师层面上看,探寻适合我校学情的思维导图的教学策略,促使我校英语教师阅读课教法的更新与改善,提升英语阅读教学的有效性。从学生层面,探寻思维导图在"读中"这一环节的教学策略,提升我校学生,特别是英语基础薄弱、阅读能力较低的学生对复杂文本信息的处理能力,锻炼思维能力,并内化为一种学习方法。从学校或课程层面,有望在强校工程背景下,将"思维导图"的实践研究作为提升我校英语课程品质的重要一步,推进学科建设,助力强校工程。

本课题研究的第一阶段主要是收集国内外与思维导图相关的资料,为课题的开展奠定理论基础。运用访谈法、听课等方式,对现阶段我校八、九年级英语阅读课教学情况进行调研,了解我校阅读教学的现状。对我校八、九年级学生的阅读水平进行前测,并做数据分析。制定研究目标,研究问题,实施方案,并对研究的可行性进行分析。

第二阶段主要是将思维导图和阅读教学有机结合,进行实验教学,为期一年。以我校八、九年级学生为研究对象,以《牛津英语(上海版)》八、九年级教材中的阅读文本为载体,以"读中"这一环节为重点。同时,将阅读文本根据文体进行分类,研究在不同文体中,思维导图的呈现方式和运用。通过一系列的实践研究,形成教学案例集。

第三阶段主要是经过一年的思维导图实验教学后,总结思维导图在初中英语阅读教学中的运用策略,形成案例集。对学生的阅读水平进行后测。通过实验前和实验后的一系列数据分析比较,总结思维导图对学生的阅读能力的影响,同时将学生一年的思维导图作品整理成成果集。

(二) 攻关项目引领发展

我们在强校工程的背景下,紧密围绕"强校工程"的目标,基于学校的基础与现状、痛点与难点,通过反复调研,确定了引领学校发展的五大研究方向,形成教育教学五大攻关项目。即"班集体创建的实践研究""基于学科核心素养的单元教学设计路径的实践研究""课堂师生合作方式的实践研究""'五育融合'的策略研究""基于学生发展核心素养的学科综合育人途经与策略的实践研究"。

针对五大攻关项目,我们通过教师自主选择的方式成立相应项目组,全校参与项目攻关计划的教师占比达到74%,覆盖学科达到94%,领导干部实现全员参与。并由各组长牵头,落实各项目的子课题,制订项目整体框架与实施方案。五大项目分别从班级建设、教学设计、课堂生态、全面发展、学科育人五个维度予以组织实施。以指向统一、项目分化、人员集聚、资源倾斜为原则,通过项目推进全面带动学校的整体发展、教师的业务发展和学生的成长发展。

(三)教研主题扎实开展

教研组作为学科教研的基本单位,是开展教研活动的重要组织。我们在教研组建设工作中,通过确立教研活动的核心地位,扎实开展教研活动,以学科课程标准与学科教学基本要求为指导纲要,基于学科特质和学生特点,从学科核心素养的培养出发,积极推进教研氛围的营造,优化学科教研的指导作用。

我们以学校攻关项目的引擎课题为基准,确定阶段性的研修主题,在主题研讨、研究过程中开展对教师教研能力的培养。同时,我们也坚持将工作重心下移,管理关口前倾,从备课组起步,建立评价量表及方案,对备课组的工作开展予以评价,形成评价机制。

我们认为学校的教研活动不应该仅限于学科教研组中进行,也需要定期开展全校范围的教研主题论坛,为教师搭建全校性的教研交流平台,让不同学科背景的教师能够互相学习,互相借鉴。在交流沟通中逐步建立全学科的观念,对本学科的教学也会有正向的促进作用。

近两年我们就尝试以"美好教育论坛:直面课堂转型——探索师生合作方式"为主题,开展全校性的主题教研论坛。让在校的每一位教师基于课堂实践,围绕如何关注学生差异,探索改变课堂氛围的策略;如何构建民主、平等、和谐的师生关系,真正实现师生的交往互动;如何进行情景创设,激发学生内驱力,提高学习效果;如何通过评价设计关注学生的学习过程四个方面开展主题交流,通过思维的碰撞,激发教学的共鸣与思考,迸发出育人的智慧火花。

三、提升校本研修的质量与内涵

(一) 以点带面,全面推进学校校本研修工作

我们建立校长为组长的协调领导小组,教导主任、学科组长为成员的组织机构,使学校的校本研修工作分工明确、各尽其责。在研训活动的管理流程中我们通过校长全面负责,教务处具体组织安排,成员负责学科教师选定,以及对参加活动的教师进行指导,确保活动顺利进行。除此之外,校长也经常深入教育教学一线指导教师开展研修活动,整合多方力量建立服务于教师发展的多层次校本研修网络。遇到问题及时交流沟通,及时总结交流研修中的问题。通过参与校本研修,提升教师对美好课堂的认识,不断更新教师教育改革的观念和专业水品,锻炼教师参与课程改革的能力。

(二) 建章立制,提升校本研修质量

我们还建立校本研修的各项管理制度和保障制度,努力把校本研修推向深入。我们把参加校本研修活动的出席率、研修质量和成果作为评选校本研修先进个人和团体的考核依据,设立对校本研修团体或个人开发精品课程资源的考核奖励制度,将考核结果与绩效奖励、评优晋升和职务评聘等挂钩。要求各教研组、备课组、年级组、课题组和项目组等有具体的研修制度和实施要求,并按要求有序开展研修活动,相关研修资料齐全。学校为校本研修提供充足的经费,提供丰富的图书资料、多样的网络资源和系统化的学习平台,能通过电脑、平板电脑和手机等移动便携设备分享和应用优质资源。同时,研修要讲究实在,围绕问题短板,不能搞形式主义,培养教师实事求是开

展研究的扎实作风,有力地提高校本研训的水平。

(三) 形式多样,努力提高校本研修的效果

在参加研修过程中,我们以教学改进为问题导向,聚焦课堂搞研修,形成比较好的良性循环。以学校在开展的青年教师培训"青蓝工程"为例,我们采取集中培训与分散培训相结合,专题培训与研讨活动相结合,采用听、说、看、做、写等形式。集中培训以学校的研讨活动为主,以学科专业知识、技能培训提高及教学研讨活动为主;小集中以师德教育、政治学习、美好教育论坛交流等为主。分散培训以教师个人自学研修、选学理论专著为主,学校每学期指定部分学习材料,青年教师要写好读书和业务学习笔记,撰写学习心得体会或论文。通过研修,提高参与教师的职责与使命意识,增强教师的课堂教学能力,改进课堂教学效果。

 案例 3-2-2 ────────────────────────────

学校"青蓝工程"的实施简介

我们的"青蓝工程"项目首先以"历练师品、提高师艺、提升师德"为主导,使培养对象树立职业自豪感、荣誉感,树立现代化教育理念。其次,我们通过引导青年教师关注自身的专业发展、关注学校的发展,使青年教师在工作中明确自己的成长目标,磨炼自己各项教育教学技能。第三,通过"青蓝工程"项目,我们希望能促使青年教师逐步形成学科教育教学的个人风格和特色,使其在各方面尽快适应新形势下教学工作需要,经过培养使之成为学校的骨干力量。

我们具体通过六个方面实施"青蓝工程"项目。首先,加强教育教学理论培训。每学期组织青年教师开展1—2次文化沙龙进行理论学习。每学期研读一本教育教学理论书籍,并写一篇读书心得。每学期开设教育教学专题讲座各一次,努力提高青年教师的教育教学水平。其次,通过"规范两字"活动,加强基本功训练。定期开展青年教师"两字"(钢笔、粉笔字)为主要内容的教师职业技能培训。利用岗位练兵的方式进行教学技能单项比武。第三,利用"听评"活动进行专业教学基本功的培训。组织青年教师观看名优教师的优秀教学录像课例。当场点评,发表感受,记录学习心得。提倡青年教师跨学科、跨年级听课,要求年轻教师每周至少听课一节。在带教老师认真指导下,青年教师每学期编制4份练习卷,每学年拟出一份有一定质量的阶段测试试卷。第四,搭建"教学比比看"舞台,为青年教师提供教学实践锻炼机会。学校定期举办"教学比比看"活动,让青年教师上汇报课,给青年教师提供各种锻炼的机会,积极推选青年教师参加各级各类的教学比赛。每学年学校举行一次青年教师教学评比活动,并鼓励青年教师积极参加区级以上的教学评比。第五,创建"微信感言"专区分享教学经验。学校开通"微信感言"专区,坚持让老师们记录自己教育教学中的点滴感受,如困惑、烦恼和欣喜、感动。鼓励青年教师积极思考教育教学中遇到的问题,为他们提供一个随时随地可以进行交流的平台。第六,通过"拔高工程"加强对针对性论文撰写。聘请在论文撰写方面有特长的名师指导青年教师学习撰写的技巧。如何取材、立意、论证,如何对自己教学经验进行总结提炼,从而提高青年教师论文撰写水平。

为了确保"青蓝工程"的顺利实施,我们首先要做好青年教师培训制度保障。通过成立组织领导机构,做到人员落实、职责分明、团结协作。同时,建立并完善相应的管理制度、激励制度等,给予成绩优异者相应的物质或精神奖励。除此之外,我们还要做好经费保障。对青年教师培训中必需的设备、经费、器材、时间、场地、服务等资源,应进行合理的分析与评估,统一调配,提供保障,充分利用。配套经费要专款专用,满足青年教师培训的经费需求。

我们也将"青蓝工程"纳入日常的绩效考核之中。通过教师自我评价,看自己的教学理论知识是否丰富了,教学能力是否提高了。通过青年教师之间的相互评价,看教师是否认识和了解了教学科研的意义,真正掌握了科研的理论和技能。同时,我们也注重过程性评价,通过关注青年教师在培训过程中采取的学习方式,将青年教师培训前的认识与行为与培训后进行比较。

（四）搭建多种平台，加速教师的专业成长

在研修过程中，我们通过充分利用校内外教育学术资源，围绕学校专业、课程、实验、实训等教学实践活动，进行解决教学实际问题的研究活动，对于教师掌握新理论、新知识有着重要的作用。教师成员在学习和研究中经过思考、实施、反思、内化和修正，形成行动研究、实践反思、更新行动的循环过程，持续提升教师的教育教学能力和科研能力，促进教师的专业发展。进行研修中，让教师参与校本教材的编写、校本资源的整合，不断吸纳新课程的理念，丰富课程知识，提高了教师对新课程的理解和驾驭课程的能力。

（五）厚积薄发，注重形成高质量研修成果

学校通过聘请在论文撰写方面有特长的名师指导青年教师学习撰写的技巧，提高青年教师论文撰写水平，学校每学年将挑选出优秀论文和案例，汇编成册。我们要求每位青年教师编制一份具体的《自我专业发展规划书》（三年规划），在带教老师认真指导下，每学期研读一本教育教学理论书籍，并写一篇读书心得。我们鼓励教师实施创新美好课堂教法，深入研究美好课堂教学评价、课堂时间分配和学法指导，并在"美好课堂"建设中形成新的经验。

第三节　集智融慧，修炼专业智慧

在社会生活中，智慧是个体生命力的象征，是个体在一定的社会文化心理背景下，在知识、经验习得的基础上，在知性、理性、情感、实践等多个层面上生发，在教育过程和人生历练中形成的应对社会自然和人生的一种综合能力系统。它不只是一般意义上的聪明，甚至也不只是心理学概念中的智商，它是每个个体安身立命、直面生活的一种品质、状态和境界。

作为美好教育的设计者和实践者,教师应将专业智慧的修炼作为践行美好教育的依靠,使自己美好的专业智慧课堂教学经验富有美好生活的滋味,让学生从中得到美好的滋养。美好的专业智慧就是让智慧回归教育,让智慧唤醒课堂,让智慧引领教师专业成长。

教师的专业智慧是美好教育的内在创生力,表现为教育的一种自由、和谐、开放和创造的状态,表现为真正意义上尊重生命、关注个性、崇尚智慧、追求人生幸福。教师的专业智慧应当渗透、内化于教育教学行为,表现为教师对于教育教学工作中的规律性把握、创造性驾驭和深刻洞悉、敏锐反应,以及灵活机智应对的综合能力。教师的专业智慧是教育科学与艺术高度融合的产物;是教师探究教育教学规律基础上长期实践、感悟、反思的结果;是教师教育理念、知识学养、情感与价值观、教育机智、教学风格等多方面素质高度个性化的综合体现。

一、以教师培养引导智慧修炼

教师的专业智慧不是与生俱来的,而是需要长期引导、激发、培养、沉淀形成的宝贵积累。学校应从教师培养的角度入手,以培养教师专业智慧为目标,确定培养模式、搭建培养平台、拓宽培养途径、丰富培养方式,使教师专业智慧的修炼成为全校师资培养的核心内容。

(一)完善梯度培养模式

我们科学审视师资发展现状,利用可供借助的资源和条件作为外力,发挥学校校本研修的作用,对教师采取职业生涯梯度培养模式,逐一落实职初教师达标工程、青年教师提升工程、区校骨干培养工程,为不同阶段教师的智慧修炼提供相应的培养方案。重点激活教师修炼专业智慧的内驱力,将教师专业智慧的修炼融入整个职业生涯,使教师专业智慧的修炼之路与专业发展之路并驾齐行。

我们的职初教师达标工程旨在激活职初教师发展的内驱力,努力形成"陌生—

适应—熟悉"快速发展之路。师徒带教,制定目标、明确要求、及时小结,指导教师带德、带才、带教、带研,职初教师主动听课、接受评课、相互研课,促进了职初教师专业成长。

在青年教师提升工程方面,我们致力于打造"青蓝工程"品牌,每学期开展"青蓝杯"教学基本功比赛,通过优质资源引进、学校自主培育,逐步构建教师培养课程,做好后备干部的选拔、培养工作,挑选业务过硬、德才兼备、具有奉献精神的青年优秀教师充实管理岗位。

在骨干教师培养工程方面,我们加大对区、校级骨干教师的培养和管理,推进校级以上骨干教师的展示活动,学校加强对骨干教师的培养与考核,通过实施评价、考核、激励,推动学校教育教学综合改革的不断深入。

(二) 精准融入"双名工程"

我们通过找准与上海市"双名工程"的对接点,利用其对于师资队伍建设的项目支持,认真领会其政策精神,结合学校师资现状,采取师资流动、资源引入、专家指导、外出学习等形式丰富的师资培训手段,做到线上与线下、校内与校外、普及与重点相结合的"多重双轨制"培养模式,悉心选拔、重点培养、积极推荐具有潜力、实力的教师作为名师后备人选,做到强力融入、主动对接,为优质师资、专业师资的培养提供保障,为教师的专业成长提供更高端的支撑,为骨干名师的培养搭建更优质的平台。

二、以课堂教学催化智慧修炼

课堂是教师践行美好的职业阵地,是学生体验美好的平台,是展示如何过美好生活的舞台。教学是教师实践美好的专业行为,是学生感悟美好的发源,是学习如何过美好生活的发端。教师应立足课堂、基于教学,在探寻课堂教学进境的过程中实现专业智慧的创生进阶。

(一) 加强课堂观察与评价

我们以美好的专业智慧经营打造的课堂,在于课堂文化的形成,在于课堂理念的改革,在于课堂方法的改进,而这需要对当前课堂现状予以充分的观察与评价,找准改革点和增长点。因此,我们利用善引外力、激发内力、凝聚合力的方法驱动引导教师开启修炼专业智慧的大门。

例如,校外可充分利用市区优质人才资源,聘请学科教研员、学科带头人等专家或优质师资为对学校目前的课堂情况"把把脉、开开方",找到弊病、给出建议。校内可通过组内观课、全校观课等形式,采取组内互评、教师自评相结合的方式,在全学科范围加强课堂观察与评价的强度与频率。针对较薄弱学科,邀请教育学院专家、学科带头人予以重点观察与评价,每学期以教研组为单位对反馈结果进行汇总分析并提出改进措施,纳入教研组学期计划与总结中,实现课堂观察与评价的时效性与持续性,促进课堂教学效率与质量的提升,确保课堂整体的顺利转型。

(二) 关注教学设计与学生地位

美好的专业智慧,表现于教学设计的巧妙高效,在于学生主体地位的充分体现。智慧的教师应当关注教学设计中时间的合理分配,活动的有效设计。让学生在课堂中从被动灌输、被动教育的对象,转变为主动参与、主动浸润的主人。用教师的专业智慧将课堂打造成为滋养学生的生态系统,其中的"一枝一叶""一草一木"都为学生美好体验和成长服务,将美好生活的氛围、美好教育的理念全面浸润、深度渗入课堂,为后续美好课堂的打造创设基础。

第 四 章

美好德育：用美好心灵促成美好品行

　　"美好德育"的创建，以"懂感恩，爱家国"为标志，通过以文化人、以德育人，不断提高学生思想水平、道德品质、文化素养，做到明大德、守公德、严私德，为学生过"美好生活"做好思想上、德行上的准备。我们始终关注通过遵从和符合学生道德品质生成的内在心理需要来构建德育生态环境和发挥德育生态功能，通过塑造美好心灵来促成美好品行。

德育是学校素质教育的灵魂和方向，从"德、智、体、美、劳"全面发展出发，坚持以"立德树人、以德立校"为根本任务，着眼于未来人才的培养，打造学校"美好德育"，是学校德育工作的重点。学校始终将每一个孩子作为独立的生命体，让每一个孩子学会过美好生活，为其成为具有世界眼光、全球思维、家国情怀、公民意识、责任担当以及创新思维的未来新人奠基。

学校的"美好德育"建设以"懂感恩、爱家国"为标志，通过以文化人、以德育人，不断提高学生思想水平、政治觉悟、道德品质、文化素养，做到明大德、守公德、严私德，为学生过"美好生活"做好思想上、德行上的准备；通过坚持"五育并举""五育融合"等途径构建美好共同体，统一培养目标，相互促进、相互协调、互相渗透、互相依存、互相制约、互为条件，通过塑造美好心灵来促成美好品行。

我们始终关注通过遵从和符合学生道德品质生成的内在心理需要来构建德育生态环境和发挥德育生态功能。学生的道德品质是在各种内外环境的相互作用下生成的，借助家庭德育、社会德育积极配合，形成德育的合力，共同营造学生道德发展的生态环境。学校必须明确德育的几个维度，包括坚定理想信念、厚植爱国主义情怀、增强品德修养、增长知识见识、培养奋斗精神、增强综合素质、弘扬劳动精神。这既是对德育工作的清晰定位，也是我校在"美好德育"实践中必须坚持的定位。

学校在"美好德育"建设与实践中主要通过三个板块分别实施，在行为规范板块，通过制定实施"流动红旗"评比制度，形成班班争优、人人争先的良性竞争氛围；通过建立学生行规档案，让每名学生在行规养成的过程中享受"美好"的评价体验。通过多元的仪式教育、专题教育板块，形成校本德育文化品牌，这也是"美好"这一核心理念在德育品牌创建中的内涵延伸。此外，学校作为"上海市依法治校示范校""上海市家庭教育示范校""上海市心理健康达标校""上海市人文行走项目试点校""杨浦区生命教育校外联合研训基地""杨浦区三个百年场馆探究基地校",始终重视家社校之联动,关注育人举措多元渗透,坚持学校、家庭、社区"资源共享、优势互补、文明共建、共同发展",提高学校的办学声誉。

第一节　行规教育,培养美好的行为表现

良好的行为规范能帮助学生学会正确处理个人与他人、个人与集体、个人与社会的关系,懂得中学生的责任与义务,体现中学生在道德品质和日常行为方面的具体要求,从而学会如何生活。"行规教育"的"美好"在于以学生的健康成长为本,树立正确的行为理念、养成健康的行为习惯、形成美好的行为表现,为学生过"美好生活"打下行为基础。

"美好"的行规教育不局限于划定做人的底线,更在于打好人生的底色;"美好"的行规教育不局限于约束人,更在于激活人;"美好"的行规教育不在于被动地教,而在于感染与熏陶;"美好"的行规教育不在于显性地塑造,而在于隐性地养成;"美好"的行规教育不在于外在的表现,更在于内化的成效。

一、"一日常规"重规范

学校在《中学生日常行为规范》的基础上,根据学生的实际情况制定《包头中学学生一日常规》,明确了学生的一日需遵守的规范要求。具体包括:

进校园: 按时到校,主动向同学和老师敬礼、问好。进校要穿校服、佩戴好红领巾,共青团员佩戴团徽,少先队干部要佩戴标志。

交作业: 早晨到校要及时将作业交给课代表,不拖拉,不抄袭。

早自修：在课代表或老师的指导下进行晨读，朗读要整齐，声音要响亮。

早操：各班级整队出操，按规定进入指定列队位置，踏步时要求精神饱满，步调合拍；做操动作准确有力，不交流；早操结束后，按照规定路线，有秩序地列队返回教室。

上课：两分钟预备铃之后，安静地坐在教室中等待，做好上课准备；书簿文具按规定位置摆放；注重上课礼仪，尊重老师；上课时坐姿端正，注意力集中，积极主动，认真完成教师布置的学习任务。

课间休息：课间休息要求做到"慢慢走，不奔跑、不喧哗"；在走廊、楼梯靠右行走，文明礼让，见到师长、同学要打招呼；做好班级保洁区内的卫生，保洁区内无纸屑、无杂物。

教室保洁：地面无脏物；桌面、墙面无污渍；桌椅摆放整齐，及时擦干净黑板。

午餐：有序进入餐厅入座就餐，不大声讲话，不浪费食物，就餐结束后及时清理桌面，将餐具洗净放回到指定地点，不将食品带出食堂。

值日生工作要求：检查并清理课桌内垃圾；统一将椅子放到课桌上；清扫地面，擦干净黑板、讲台；清洁班级包干区域；关闭电灯、门窗，锁好教室门；如遇雨天，将教室内的塑料桶放置在教室前门口放置雨具。

一日常规

佩戴领巾、准时到校、校服整洁、注意仪表

尊师有礼、主动问好、集队迅速、安全记牢

增强体质、认真做操、保护视力、做好眼操

预备铃响、安静坐好、学习用品、摆放桌角

专心听讲、积极思考、文明休息、莫要打闹

与人相处、宽容友好、排队领餐、讲究礼貌

节约资源、食物莫倒、就餐完毕、垃圾理掉

清洁环境、不要乱抛、不损公物、爱护花草

关好门窗、及时离校、孝敬父母、节俭勤劳

做好作业、复习提高、作息有度、按时睡觉

二、"流动红旗"重激励

为激励班级重视日常行为习惯的养成,激发良性竞争意识和学生集体意识,提高班级荣誉感,我们制定并颁布了"流动红旗"挂牌制度和评比细则。通过"流动红旗"每月颁发为学生日常行为习惯的养成提供了更科学、更具体、可量化、可实施、可评价的执行量表和指标体系。

评比方式上,我们采取学生行规检查员日常行规检查、德育处巡查,以及行政干部执勤检查相结合的形式,力求在评价结果上更全面、更客观地体现各班的行规情况。我们成立了学生自主管理委员会,通过让学生参与讨论、制定评比内容,如红领巾佩戴情况、学生到校规范、教室卫生保洁、个人仪表仪容、眼保健操、升旗及两操、课堂纪律、课间文明休息、午间文明用餐、安全节能措施等涵盖学生在校一日的所有行规内容。让学生在研讨中更加深入地认识养成良好行为习惯的重要性。同时,通过组建行规检查员队伍,让学生在自主检查、反馈、总结的过程中不断提升主人翁精神,培育自主管理的能力。(见表4-1-1、表4-1-2)

表4-1-1 学生自主管理委员会管理下的行规检查员使用的评分表格

"三操"检查评分表

班级_____　_____年_____月_____日星期_____

项目内容	具体指标	扣分情况	累计分值	备注
升旗及两操 (10分)	下楼			
	进退场			
	纪律			
	按时出操			
	升旗			
	国旗下讲话			

项目内容	具体指标	扣分情况		累计分值	备注
眼保健操（10分）	讲话	上午			
		下午			
	动作	上午			
		下午			
	按时做操	上午			
		下午			

记录人班级＿＿＿＿＿＿
姓名＿＿＿＿＿＿

表 4-1-2　学生自主管理委员会管理下的卫生、文明休息考核表

班级＿＿＿＿＿＿　　年＿＿＿＿月＿＿＿＿日星期＿＿＿＿

项目内容		扣分情况		累计分值	备注
		上午	下午		
卫生保洁（10分）	地面				
	讲台				
	墙壁				
	黑板				
	物品				
文明休息（10分）	追逐打闹				
	大声喧哗				
	粗话脏话				
	破坏环境				
	吃零食				
	使用手机				
安全节能（10分）	离开教室未关电器				
	离开教室未关门窗				
拖堂情况	（不扣分，只记时间与学科）				

记录人班级＿＿＿＿＿＿
姓名＿＿＿＿＿＿

检查的结果每个月末以名次与分数相结合形式,产生一定数量的行为规范标兵集体,对于这部分当月行规表现突出的班级,我们将颁发红旗并展示在班级教室门口,既是表彰又能起到示范作用。我们还采取梯队分级的形式,对于行规表现较好的班级,颁发橙色旗帜以示认可和鼓励,强化正面激励作用。

旗帜的颁发体现流动性,以当月成绩为评判标准,不搞终身制、积分制。激励学生要不断努力、不断坚持、不断进步,形成"班班争优、人人争先"的良性竞争氛围。

三、"行规档案"重过程

我们认为学生行为习惯的养成具有过程性和阶段性,不是朝夕之功所能成就。学校自新生入校起,就编制学生"行规档案",将学生行规情况及时记录归档,作为学生在校表现的重要评价依据。

"行规档案"的建立,是学生行规教育个性化的体现,行规的要求是统一规范的,但行规的对象却是个性多元的,在行规教育中应接受、尊重学生的差异性,不局限于学生间的横向比较,更关注于自身的纵向发展,让每名学生在行规养成的过程中享受"美好"的评价体验,即客观、公正、尊重差异、关注发展的评价方式。

第二节　仪式教育,培育美好的道德品性

仪式教育是中国传统的"礼"育,是德育的一种重要手段,仪式的氛围是学生人生的重要体验。作为课堂道德教育的延伸和发展,它包含的独特的文化意蕴,具有丰富的教育意义,对学生的思想观念、价值追求、行为方式有启迪引导和教育的作用,是学生品德培养和人格塑造的有效途径。初中生仪式教育具有丰富思想情感、教育内在与观念、凝聚成员意志三方面的意义。灵活多样的美的仪式教育,使内在的教育要求外

显化,并产生持久的影响力、融合力与创造性的运用。特色仪式活动内容形式,让仪式教育活动与时俱进。它不仅体现了学校"美好教育"的重要内容,也融合学校文化建设的主要内涵,更关注学生健康和谐成长。

一、升旗仪式

升旗仪式是少先队仪式的一种。升旗仪式的主要内容是升国旗,主要目的是对少先队员进行爱国主义教育。升旗仪式不能一成不变,程序不能过于机械,主题不能只有升国旗奏《国歌》,否则很难引起学生的情感共鸣和思想碰撞。为了增强师生对升旗仪式的认同感,发挥升旗仪式的德育作用,关键在于要把握德育机会,产生情感交流,要从形式、主题、内容、语言等方面不断创新,要联系学生实际,使升旗仪式既庄严神圣,又能进行相应的主题教育活动。

升旗仪式除了符合常规的程序之外,还可以结合学校的强校工程与美好教育理念,开展多角度思考与改革,积极开拓升旗仪式与学生德育相结合的新途径和新领域,真正发挥了升旗仪式多方面的教育作用。例如:

1. 规范学生仪式的姿势提升庄严感。在升国旗时,做到列队整齐,面向国旗,肃立致敬。当升国旗,奏《国歌》时,要立正,行注目礼,直至升旗完毕。当五星红旗冉冉升起时,所有在场的人都应抬头注视,神态庄严。针对这一要求,开展了升旗队列比赛,每次升旗仪式结束的最后一个环节都是表彰学生姿势规范的中队。强化了升旗仪式时的礼仪规范。

2. 增加国旗班,提升对国旗的尊重感。在多年的运行机制下,成立了国旗班。团队老师与体育教师共同对国旗班进行训练,在升旗中,旗手高举国旗,英姿飒爽,护旗手迈着整齐的步伐紧随其后,昂首挺胸。国旗班,为我校的升旗仪式增添了庄严的色彩,展现了队员的爱国之情。

3. 用讲故事的形式,优化国旗下讲话的教育意义。通过交流互动,从学生的学习生活入手,利用身边的故事,如从用一片纸引发勤俭节约主题,从饮料瓶情景剧突出垃圾分类主题,从采访友善故事引出了核心价值观主题等,以小见大,引发学生的思考与感悟。

4. 设立国旗下表彰,寻找身边的榜样。在我校,在国旗下表彰环节中,设有行为规范、劳动之星、各级各类比赛获奖表彰等常规环节。不仅有学生,还有对于优秀老师的表彰环节,在庄严的国旗下表彰,是让学生有成就感。此举有力地促进学生日常文明习惯的养成,同时激发大家向优秀学生与老师学习的热情。

5. 用国旗下的展示使升旗与学科实践活动有机整合。在升旗仪式上,我校将语文、英语、科学、艺术学科的实践活动有机整合,为教师和学生提供了展示活动成果的平台。如学校楹联特色课程,学生吟诵,国庆 70 周年唱经典红歌等。

 案例 4-2-1

"善于心,始于行"主题升旗仪式

"友善"是社会主义核心价值观的基础,是我国的传统美德。为形成人人向善、人人崇善、人人行善的校园氛围,学校积极开展"友善"主题的教育活动,改变升旗仪式传统的说教方式,通过创新育人手段,提升学生参与度和认同度。在此次"友善"主题升旗仪式活动中,我们设计了三个环节,分别是"认识友善""优秀事迹分享""学生采访"。首先,我们以微视频的形式呈现我校学生对于友善的理解,引起全体学生共鸣。之后,以数字故事的形式讲述我校两名学生践行友善的事迹,主持人采访两名同学在助人过程中的感悟和收获,起到榜样引领的作用。最后,学生提出爱心义卖的倡议,鼓励大家用实际行动践行友善、传递爱心,共建和谐温暖校园。

此次升旗仪式让学生感受到传递爱心、践行友善可以从身边的小事做起。九(1)班的徐子健同学不小心在家里摔伤了腿,中队队员们多次轮流帮助他,给他从食堂打饭,扶他上下楼梯,帮他拿作业本等。无论是在生活还是在学习上,队员们都给予了他很多的照顾,整个中队的氛围变得更加融洽了。

除此之外，今年的爱心义卖也格外火热。在义卖前，学生们都积极捐出自己的爱心物品，如亲手编织的手链，心爱的书籍、实用的文具用品等。在义卖过程中，学生们制作精美的宣传海报，穿着Cosplay的服装，纷纷使出浑身解数卖力宣传，连家庭经济不是很好的队员也慷慨解囊，部分老师们亦主动承担售货员的工作，进行宣传义卖，全体师生一起为爱心义卖助力。我校文明友善的校园氛围愈加浓厚了，加强强校工程，努力建成家门口的好学校的目标，我们又迈近了一步。

 案例 4-2-2

"垃圾分类我先行，规则意识心中记"主题升旗仪式

2019年伊始，一部探讨人类命运的国产影片《流浪地球》引起热议，放眼宇宙的宏伟视野，波澜壮阔的人类迁徙，是否都令你印象深刻？然而，你是否知道，上海正面临环境保护的巨大挑战。2019年1月31日，市十五届人大第二次会议表决通过《上海市生活垃圾管理条例》，并于同年7月1日起正式实施。那么，在垃圾分类的活动中，我们会遇到什么问题呢？

为此，我们设计了"垃圾分类我先行，规则意识记心中"主题升旗仪式，通过情景剧表演和宣读倡议书的形式不仅使学生明白地球的资源是有限的，我们要有节约资源、保护环境的意识。更重要的是，学生与老师明白了，我们每一个人要行动起来，从小做起、从我做起、从现在做起，为保护人类地球做出一点贡献。同时学会了具体方法，从之后中队垃圾分类的实施情况来看，各中队分类情况也不断改善，真正做到将知与行相统一，每一个人都在为构建美好校园而不懈努力。

二、换戴大号领巾仪式

红领巾是红旗的一角,是用革命先烈的鲜血染成的,象征无产阶级的革命传统,象征着革命的胜利。

"人大领巾大 人大责任大"。通过换巾仪式这种形式,让六年级的队员换上大号的红领巾,体会进入成长的新阶段,将肩负更加重大的责任,增强少先队员的光荣感和使命感。

换戴大号红领巾仪式内容包括中队长向中队辅导员献红领巾,少先队员珍藏小红领巾、换戴大号红领巾,中队辅导员代表讲话,向大家介绍红领巾的故事和意义,大队辅导员带领少先队员呼号等。

每年的 10 月 13 日,是中国少年先锋队成立的纪念日,我们会选择与纪念日临近的周一的升旗仪式上,开展"人大领巾大 人大责任大"六年级队员换巾仪式暨主题队日活动。天真烂漫的"红领巾",也是未来建设祖国的生力军。少先队员们取下小号红领巾,佩戴上大号红领巾,并行队礼,右手五指并拢,高举过头,大声呼号:"时刻准备着,为共产主义事业而奋斗。"表达了少先队员们要为共产主义建设努力的理想和目标,决心和行动。

三、十四岁生日仪式

十四岁是告别童年、迈入青少年行列的过渡阶段。我们为踏入青春期的队员开展迎青春教育活动,旨在让他们懂得青春的意义,激发他们对美好青春的向往,点燃起心中青春的火焰。通过十四岁生日主题活动,认识自己对社会的一份责任,迈好人生每一步。教育他们勇于承担未来肩负的责任,感受成长的价值与意义,感受关爱他人,同时增进队员间、师生间、父母与子女间的深厚情谊,给孩子留下难以忘怀的记忆。通过主题教育仪式,让队员拥有一个终生难忘的生日仪式,深化系列教育效果,培养学生学会合作,坚定人生理想信念。

我们认为十四岁生日主题活动要注重股形式多样,生动活泼。如邀请家长给孩子写一封信。请家长代表在仪式上与学生说说心里话,表达父母对孩子的殷切希望,增进家长与孩子的沟通;文艺汇演与展示;向榜样学习;与伙伴们一起做一顿晚餐或进行制作水果拼盘比赛;自己动手建一个家,安排寝室,整理内务;游戏活动;十四岁生日庆典联欢会等。

其中,组织家长向自己的子女写一封信,这是运用家庭的力量来进行教育的良好形式。家长针对孩子的实际,通过赠言,为队员前进助力。

学习英雄榜样,树立崇高理想。十四岁的队员开始思考生活目的,寻找生活榜样。介绍共青团组织,以及优秀人物的优秀品质,对他们有着直接的教育作用。要帮助他们像英雄那样少年立志,树立献身祖国伟大建设事业的崇高志向。

集体生日活动是一个里程碑,十四岁奏响了队员们青春的序曲。通过十四岁集体生日仪式,给队员们留下了一生难忘的回忆,使他们进一步懂得了十四岁的真正含义,感恩父母,将更加珍惜十四岁的青春年华,进一步树立正确的人生观、世界观、价值观,坚实地迈好这青春的第一步。

四、“云”升旗仪式

今年疫情期间,我们受到“云”课堂的启发,决定采取线上的方式进行“云”升旗仪式。此举旨在为每名同学营造与在校升旗一样的庄严环境、提高学生对升旗仪式的重视,并通过线上收看抗疫英雄事迹微视频,学习为国家奉献的斗争精神、不怕困难、逆向而行的勇气,以及克服艰难环境的毅力。

“云”升旗仪式主要由“升国旗、唱《国歌》、观看抗疫英雄事迹、少先队员有话说”几个环节组成。升旗时,同学们就像在校升旗一样,穿好校服,戴好红领巾,对着庄严的国旗敬礼,伴着响亮的《国歌》开始新的一周。鲜艳的国旗,和心中澎湃着的热血是一个颜色;响亮的《国歌》,与脑中的坚定着的信念在一个频率。观看抗疫英雄事迹时,同学们聚精会神,眼中闪烁的是感恩、感动和感悟。通过这样的升旗仪式,提高了少先队员们的爱国意识、服务意识和责任意识。希望他们领悟国旗精神,健康成长,传承美好品德。

 案例 4-2-3

颂赞最美逆行者

在此次疫情期间,我们了解到与杨浦区生命教育校外联合研训基地(殷行)共建的2家单位中有5位援鄂医护人员。于是我们将他们的感人事迹汇编成升旗仪式资料包,携手周边十所成员校举行十校联合"云"升旗仪式,颂赞最美逆行者。少先队员们也纷纷表达了自己的感悟。

上海市包头中学八(3)班的小叶同学说:疫情暴发以来,无数白衣天使同时间赛跑,与疫情较量,汪娟阿姨在 ICU 告急时勇敢站了出来,每天工作六七个小时,有的时候连一日三餐都很难保证,但是她从来没有叫苦说累,勇敢逆行,教会了我什么叫"医者仁心"。正是有了一个个像汪娟阿姨这样的医护人员坚持在一线,我们才能安心在家学习,这是他们的无私奉献换来的,作为学生的我们,还有何理由不认真学习呢?

上海音乐学院实验学校五(3)班小时同学说:白衣战士们犹如无畏的将士,不辞辛劳用自己的生命建筑起血肉长城,把病毒斩根除尽。当看到胡芸芸阿姨的介绍,我更加深刻地了解到医护人员的不容易,我从她身上学会了友爱、互助和坚强,感受到了拼搏和奋发的力量。感谢白衣战士的无私奉献,祝愿祖国母亲快快好起来。加油武汉,加油中国。

上海市开鲁新村第一小学三(2)班的小杨同学说:没有华丽的辞藻,只有朴素的语言,胡芸芸用实际行动来表达抗击疫情的满腔热情。因为她明白,国家兴亡,匹夫有责,国难当头,责无旁贷。"我是医生,请让我来!"

上海市中原路小学三(2)班的小李同学说:看了翁超医生的事迹,我感动万分!在祖国和人民需要的关键时刻,他挺身而出、冲锋在前。作为少先队员的我要以他为榜样,向他学习。要有坚定的理想信念,志存高远,只争朝夕,不负韶华,努力成长为社会主义事业的接班人!

上海市市光新村第一小学小王同学说:翁超是我爸爸共事多年的同事,刚刚得知他去援鄂的时候很震惊,他女儿还小,希望他平安归来。疫情当前人人有责,尽一份力,护一方人。有国才有家,国家需要,人人出力,国安则家安。希望这些援助的医生护士平安!

上海市民星中学高一(3)班的小瑜同学说:蔡莹颖护士,满脸的口罩和护目镜压痕,但是眼神中充满了坚定和刚毅。她安慰、鼓励每一位病患,在"战疫"中坚定地逆行。

上海市市光学校(小学部)四(1)班的小李同学说:随着《国歌》奏起,五星红旗冉冉升起。它升起祖国人民美好的明天!它升起十三亿人民的希望!它升起中华人民共和国在世界屹立不倒!

上海市复旦科技园小学四(1)班小沈同学说:最美逆行者,让人肃然起敬,教会我学会放下,理解"舍小家为大家"的内涵。一件件真实的故事,充满我的内心,使我更强大。

上海市凤城新村小学的小陈同学说:观看了升旗仪式后,我深深感受到有那么一群人毅然奔赴前线,是他们的坚强和付出为我国人民筑起一道健康的防护线,他们就是最美"逆行者"。最美"逆行者"肩负责任和担当,传递信心和力量,守护着生命和希望。在这场没有硝烟的战争中谱写一个个感人的篇章,他们是最可爱的人,是最可敬的人。叔叔阿姨们,再一次向你们致敬!

第三节　专题教育,养成健康向上的人格

专题教育是学校德育系统中重要形式与方法。主题鲜明、生动活泼、形式多样的专题教育不仅在良好校风、班风形成,学生健康人格培养,学生综合素质提升等方面起

到重要作用,更是学校开展德育工作的重要渠道。

专题教育具有主题、形式、途径、契机多元的特点,例如其中的行规教育、劳动教育、感恩教育、诚信教育、公益教育等,可以从不同角度切入开展专项教育;而主题活动、主题班队会、主题论坛、主题实践等通过丰富多样形式,让学生得到"美好"的教育体验;通过学校、家庭、社会多方协作,构建家校社协同育人的模式,使各类优质资源融合共享,逐步形成"美好"的教育氛围;各类节日、纪念日、主题日,则为主题教育无形中划分了普适的操作节点,同样,学生的日常表现、时政信息、学校工作也都是主题教育校本化实施的操作节点。节点间的串联组织,将主题教育从时间频率转化为空间构成,最终形成紧密衔接的教育架构。

学生年龄段的不同决定了其思想的发展阶段也存在差异,因此,我们认为主题教育也需要进行分层实施。在整体目标统一的前提下,各阶段的目标可以根据学生的年龄段特点和实际情况有所差异,这也符合学生生理和心理的发展规律。我们尝试根据各年龄段的学生特点,开展分年级的主题教育。不同的年级确定不同的德育主题,该主题不是常规的以节日、纪念日或某一活动为节点,不是一次的教育,而是以年级为单位予以持续性的实施。使主题教育由低至高递进式地在不同年级予以实施,形成可持续发展的主题教育体系,充分体现主题教育的针对性和科学性。

一、"美好德育"课程

我们认为学校的"美好德育"课程只有从学生不同的身心特点出发,安排不同的德育内容,确立不同的德育目标,采取不同的德育方法,才能使德育取得理想的效果。我校针对学生不同的年龄特点和身心发展的需要,精心设计开发了满足学生成长需要的德育课程。

(一)德育课程目标

我们的"美好德育"课程应该坚持以"立德树人、以德立校"为根本任务,遵循教育部颁发《中小学生德育指南》精神,以"懂感恩、爱家国"为标志,通过以文化人、以德育人,不断提高学生思想水平、政治觉悟、道德品质、文化素养,做到明大德、守公德、严私德,以德育课程建设为核心,以德育队伍建设为保障,以家庭教育指导工作推进为切入点,以生命教育研训为着力点,不断提升育德实效,促进学生健康成长。为学生过"美好生活"做好思想上、德行上的准备。

(二) 德育课程内容

"美好德育"课程主要包括德育常规课程、分层德育课程、生涯教育课程、劳动教育课程、生命教育课程和家校社共育课程这六大类别。

1. 德育常规课程。我们的德育常规课程主要是以活动育人为主,由专题教育、班团队活动、仪式活动、节庆传统文化、校园文化活动和家校共育六大板块组成。

其中专题教育主要科目为校班会和集体讲座,校班会每周 1 节,通过学校统一组织设计的校会主题,以及各年级依据学校德育计划设计班会主题,对学生进行规范教育、安全教育、文明礼仪教育、心理疏导、重大时事及社会、校园热点话题讨论等。集体讲座每学期组织 2 次,邀请法制、消防、心理、卫生等方面的专业人士对学生进行法制、安全、心理健康、卫生防疫教育等。

班团队活动包括十分钟队会、午会和红领巾广播。十分钟队会每两周 1 次,各班按照区里部署和学校德育处计划针对近期热点问题开展十分钟的队会活动。午会利用每天中午的时间按计划开展心理健康、法制、行规教育。红领巾广播每周 2 次,由学校专门负责老师开展卫生防疫宣传、心理健康讲座和法制安全教育,以及团队知识讲座等特色广播。

仪式活动包括升旗仪式、入学仪式、换巾仪式、十四岁生日、入团仪式、毕业典礼和安全实训等。升旗仪式每周一次,主要进行爱国、爱国旗教育。入学仪式教育对象为六年级学生,对小升初学生进行识学校、识规范、识礼仪、识队列等教育。换巾仪式教育对象为六年级学生,进行人大领巾大,人大责任大,人大志向大,人大贡献大的使命和责任教育。十四岁生日教育对象为八年级学生,开展人生转折点教育、责任、使命教育。入团仪式每年一次,让团员增强团员意识和共青团——共产党一脉相承的组织衔接意识,激发团员对党和祖国的朴素情感。毕业典礼教育对象为九年级学生,对学生进行感恩、励志、责任、使命教育。安全实训每年一次,对学生进行各个方面的安全教育和实战演练。

节庆传统文化结合每年的传统节日,包括教师节、国庆节、劳动节、六一儿童节、宪法日、国家安全教育日、端午节、中秋节、重阳节、清明节等,帮助学生了解节日特点,培养学生爱国、爱家、爱劳动,以及尊重师长的感情,了解中华民族优秀传统文化和传统美德,培养学生爱国、爱家情怀。

校园文化活动包括阅读节、艺术节、体育节、科技节和爱心义卖等,每年举办一次,给学生搭建才艺展示的舞台,对学生进行文化、科技、体育、艺术的熏陶,在活动中培养学生团队合作精神、公平竞赛意识,提高综合素养。

家校共育包括家校沟通、联谊、培训,以及线上讲座等,每年组织 2 次,通过不同形式的线下面对面交流、培训,提升家长管理孩子的技能,促进学生综合发展。推荐线上教育专家的优质育儿教育资源,让更多家长享受、获得科学的教育方式,助力孩子向阳成长。

2. 分层德育课程。初中四年,不同年龄段的中学生身心发展的特点又有不同,因此我们根据学生的年龄特点和心理需求,从六年级到九年级分别开设了养成教育、诚信教育、理想教育和感恩教育的分层德育课程。

其中,六年级的养成教育以中学生行为规范准则为依托,以培养学生在学习、生活、卫生、心理健康等方面的自主、自律、自觉意识为目标,以文明用语、文明礼仪、文明休息、规范做操、规范服装礼仪为重点,以丰富多彩的教育活动为载体,培养学生从他律到自律到自觉,让学生自我管理,自我教育,成为自主的人。

七年级诚信教育通过利用校园电视台、黑板报、红领巾广播站为"人人讲诚信"打下舆论基础,通过诵读、故事会、表演、主题班会等形式感受诚信,利用周记、报告、"我与诚信交朋友"等活动践行诚信。

八年级的理想教育,可以结合"争当四好少年"活动。同时,发挥共青团组织力量,在初二年级广泛开展"共青团在我心中"征文、朗诵活动,号召同学以实际行动积极向团组织靠拢。

九年级感恩教育,主要从学会感恩父母入手,通过一系列的教育活动,让学生懂得自己的成长离不开家长的付出,从中体会家长对自己的关爱,学会感恩父母,孝敬父母,在家做个好孩子;进而在学校、班级活动中,体会老师的教导、同学的帮助,以感恩的心去努力学习、团结同学,在校做个好学生;在与邻里、社会群体的交往中,认识社会上人与人之间的关爱与扶持,实践"滴水之恩,当涌泉相报"的古训,培养学生成为具有感恩意识的人,懂得人与人之间要相互扶持、和谐相处,对别人为自己的付出知道感恩回报,在社会上做个好公民。

3. 生涯教育课程。我们的生涯课程在区域课程的基础上,课程内容的选择与组织主要以促进各年级学生生命成长历程为核心。包括生活适应类,旨在引导学生在面对发生变化的新环境时可以做好积极主动的调整,使自身能适应当前的身心特点、家庭生活、学习生活的发展需要。学业导航类,这类主要适用于八、九年级的学生,帮助其对自身的学业进行系统的筹划和安排。培养学生自主学习的能力,从而实现个人可持续性的发展。自我塑造类,主要着眼于学生身心和谐健康发展,帮助学生能理性地认识自己、悦纳自己、规划自己,了解生命的价值和生活意义。职业探索类,通过探索和体验等各类实践性活动来开阔学生职业发展视野,畅想自己的职业发展,并将现阶段的生活、学习和兴趣培养联系起来。

4. 劳动教育课程。在五育并举的背景下,劳动教育越来越受到重视。我们把劳动教育纳入学校德育课程体系,通过各类实践活动、主题活动和专题评选树立劳动最美好、劳动最光荣的意识。如学校以"五一"劳动节为契机,以培养学生劳动意识,增强学生珍惜他人劳动成果观念,提高学生劳动能力,引导学生养成爱劳动的习惯,树立正确的劳动光荣价值观。

我们还制订并实施了"劳动之星"评选方案。评选条件包括具备正确的劳动意识,认识到"劳动最光荣",具有较强的劳动积极性,主动为集体服务,积极承担班集体的劳动事务,并且能在校园生活中影响周围同学,协助班集体形成良好的劳动氛围;具备较强的劳动技能,在大扫除、卫生值日、公益劳动等活动中,能按时完成任务,且劳动效果突出,获得老师和同学的认可。具备较丰富的劳动实践经历,能够积极参与学校及社区组织的各类劳动主题活动,活动中能起到先锋带头作用。在家庭生活中也能协助长辈,主动分担家务劳动。具备尊重劳动者,珍惜他人劳动成果的品质,能主动维护做好身边环境卫生,并能及时阻止他人破坏环境、浪费资源的行为。

5. 生命教育课程。我们认为生命教育课程的目的在于提升学习者对于生命的"知"与"思"。通过课程的学习,帮助学生在对自身生命与自然和社会关系相关议题的判断与决策探究与行动中能够采取适切的行动,进而能够承担起自身作为人类命运共同体之一员所应当承担的责任和义务,从而做到"知、行、思"的统一。

我们的主要做法包括以下三点。一是通过参观学习,培养小学生的安全意识。二是通过"亲身体验"式教育,让中学生掌握自救、互救技能和安全知识。三是专题教育形式,丰富基地活动的内涵,让学生更好地了解社会、认识社会、增强社会责任感。以相适合、受欢迎、有成效作为选择和评价德育品牌课程的依据,为学生体验"美好德育"构建具有学校特色、符合学生特点的品牌德育课程,并在周边实现影响辐射,形成区域共享。力争在区域内有积极影响、对其他学校有启示作用、有一定的推广价值,也是"美好"这一核心理念在德育品牌创建中的内涵延伸。

我们具体开展以下几种尝试,如"垃圾分类小达人"活动。我们根据不同年段的特点设计了"环保袋涂鸦""环保小卫士""快乐飞行棋""知识竞答""变废为宝"等形式,既培养了学生"垃圾分类从我做起"环保理念,又推动垃圾分类成为校园新时尚。

再比如"生命教育进校园,志愿服务展风采"活动。我们首次尝试打破更多行业界别和区域化界限,为学生搭建更宽广的平台,资源共享、阵地共用、文化共建。让学生在掌握现场急救知识和基本急救技能的同时,增强应对紧急事件的自救与互救的能力。

征集"抗'疫'金点子"活动。新冠肺炎疫情发生以来,举国上下同心协力,同舟共济战疫情。我们联合殷行街道团工委,向同学们征集"抗'疫'金点子",希望大家将自己所见所闻好的举措或自己想到的金点子和建议,以文字、照片、短视频的形式投稿。

通过此类活动帮助学生正视疫情,学会基本的防疫常识,尊重生命,热爱生活。

6. 家校社共育课程。学生的德行成长离不开家庭教育,我们通过学校、家庭、社会多方协作,形成家校社协同育人的模式,利用资源融合共享,形成"美好"的教育氛围。我们的家校社共育课程主要以优秀家风家训传承为目标,整合社区资源,开展好家长学校,健全家庭教育体系,提高家长的教育意识和教育能力。我们通过采取线上线下同步学习的形式,为六、七年级家长提供了家庭教育经验分享的在线平台,家长们可以利用手机扫码与网站登录的形式,下载学习家长、同仁的家庭教育心得体会,从而使家庭教育的优质资源能够辐射、影响到整个家长群体,使更多家长从中受益。

近年来,我们面向在校学生家庭开设了诸如"面向未来,智慧育人""你我同行筑美好,家校共育创未来""创建家校共同体,瞄准目标做规划""与青春期的孩子智慧沟通""'停课不停学'家长如何陪伴孩子?""阅读·家庭·成长"等专题课程。指导家长如何提升亲子教育的有效性,建立良性联动机制,形成育人合力。

 案例 4-3-1

你我同行筑美好,家校共育创未来——六年级家长会

2019 年 10 月 10 日晚,包头中学举行了主题为"你我同行筑美好,家校共育创未来"的六年级家长会。在此次家长会之前,部分家长观摩了暑期教育的会操比赛和第 26 届校园艺术节闭幕汇演,对学校有了初步的了解,家长也通过学校微信公众号了解了学校开展的各项活动。

在家长会上,张校长结合自己的校长经历,给家长们作了题为《做好初小衔接,关爱孩子成长》的报告,从沟通技巧、良好习惯、自律意识、多元阅读、家长常规、思维学习 6 个方面指导家长科学育儿,家长听得仔细、记得认真,每当张校长讲到和自己孩子有着类似经历的时候,家长都会频频点头,产生了强烈共鸣。张校长也希望家长能做"不急不躁、静待花开、从不包办、学会倾听、尊重生命"的智慧型家长。

除此之外,张校长还向家长解读了《上海市初中学生综合素质评价实施办法》和《上海市初中学业水平考试实施办法》。不仅对家长需要了解和关注的相关问题做了解释和要求,也为家长能更好地对孩子进行学科教育给出了指导性建议。并希望家长有所准备,早做准备。

专题讲座后,家长们回到各自孩子的班级,班主任根据班级实际情况,总结一个多月来孩子们在校情况,指导家长在家校共建中的责任;任课老师针对不同的学情,明确学科要求,取得家长在学科教育方面的支持,从而使家班共育更有成效。会后,家长参与了问卷评价,学校相关领导听取了家长对本次家长学校的意见和建议,这有助于提高学校综合管理和服务质量,扎实做好上海市家庭教育示范校的常规工作。

 案例 4-3-2

听《"停课不停学"家长如何陪伴孩子?》有感

2020 年 3 月 29 日晚上 7 点 30 分,上海市包头中学借助"上海家长学校""云开学堂"直播平台,开展家校互动,组织家长们聆听复旦大学社会发展与公共政策学院社会学系副教授、复旦大学家庭发展研究中心主任沈奕斐博士,做题为《"停课不停学"家长如何陪伴孩子?》在线讲座。沈教授从社会学的专业角度,细致分析了"停课不停学"家长陪伴孩子、教育孩子学习时存在的误区和遇到的矛盾困难。通过观察孩子、给孩子适当的帮助、跟孩子一起进行益智游戏等方法,制定学习目标、培养学习兴趣、提升学习成就感,提高学习积极性和效率,加深孩子对父母的信任。

以下是部分家长的感言:

六(1)班王奕扬家长:今天的讲座让我们家长在育儿方面找到了一盏明灯。让我们明白如何去正确陪伴孩子,与孩子进行有效的沟通。在教育孩子问题上,家长要经常给予孩子引导与鼓励;在情绪管理上,要让孩子去承担一些责任,独立去做一些事情,要给孩子一些新的台阶,增加其自信心,让孩子在学习过程中得到乐趣与成就感。同时,家长要多创造家庭温馨氛围,能让孩子健康快乐地成长!

七(3)班高骁彤家长:家长应该跳出"密集母职"的文化,不加重孩子的情感负担,要以孩子为中心,在孩子身上花的时间和精力越多越好,与孩子荣辱与共。疫情特殊期间父母要调整好自己的情绪,不要总提学习,孩子需要无聊的时间,把这一阶段作为创新阶段。要观察孩子,给孩子搭台阶,提供有用的帮助自己才会被信任,并且了解孩子的成长规律,到底去用什么办法来帮助他成长。

八(1)班徐润泽家长:网课是一种全新模式,需要孩子极强的"自律",我们家长难免焦虑。听了沈教授的课,受益匪浅。每个话题都是家长的痛点,我们要不断修正教育方式,引导孩子平衡好娱乐和学习。

九(3)班金王梓家长:网课对于一位中考学生家长来说,紧张度更高,关注度更强,压力更大。为此和孩子的矛盾不断。沈老师详细讲解了"停课不停学"家长和孩子间的理解差异。在陪伴中不被情绪控制,找到平衡点,接受孩子的小缺点,保护底线……这节课我和孩子都受益匪浅,孩子懂得了在中考前夕网课的重要性,我们家长也会调整情绪,适当"佛系"! 为中考努力! 加油!

第五章 美好课程：用美好课程发展综合素养

　　美好的课程，是体现质量良好、学生叫好、关系友好的课程。我们通过美好课程的建设使得师生关系、生生关系和谐融洽，师课关系、生课关系相互促进，教师与学生在课程的开发过程中协同发展。同时，通过建设具备一定教学质量和专业水平，广受学生喜爱的课程，让每个孩子通过课程的学习发掘自己独到的美，成为更美的自己。我们通过构建以美德、美智、美体、美育为支撑的课程体系，最大限度地尊重学生的个体差异，提升其核心素养。

课程是学校内涵发展的核心领域,课程的根本目标是使每一个学生实现充分、自由、和谐的发展。提升学校课程领导力是深化课程改革的必然要求。

　　因此,学校近年来始终坚持将"为学生未来奠基"作为宗旨,落实"立德树人"的办学使命,聚焦教育综合改革和学生核心素养的培育,致力于通过开展"美好课程"的建设与研究,不断提高课程育人、文化育人、活动育人、实践育人、协同育人的水平,为学生全面发展和个性发挥提供课程支持,满足不同层次学生的学习需求。力求发现学校"美好课程"建设对促进学生能力素养、行为素养、道德素养、文化素养、健康素养、艺术素养,以及社会适应能力素养的培育路径和策略,促进学生德、智、体、美、劳全面发展。从而实现"让每一个孩子学会过美好生活,让每一名学生都有追求美好和实现美好的愿望和能力"的办学宗旨和办学愿景。

　　"美好课程"是指基于学校原有基础型、拓展型、探究型三类课程的基础上,根据本校的条件、需求和现状,予以针对性的设计和校本化的实施。其结构是以三类课程为基石,以美德、美智、美体、美育为支撑的课程体系,以教师、学生、课程三者共同发展为目标,予以创造性的建构。

　　美好的课程,是体现质量良好、学生叫好、关系友好的课程。通过美好课程的建设使得师生关系、生生关系和谐融洽,师课关系、生课关系相互促进,教师与学生在课程的开发过程中协同发展。同时,通过建设具备一定教学质量和专业水平,广受学生喜爱的课程,让每个孩子通过课程的学习发掘自己独到的美,成为更美的自己。学校通过构建以美德、美智、美体、美育为支撑的课程体系,最大限度地尊重学生的个体差异,提升其核心素养。塑造懂感恩、爱家国、德行高尚、志趣高远的"美德少年";塑造会学习、爱思考、敢于创新、乐于探索的"美智少年";塑造勤健身、爱运动,拥有健康体魄和坚毅品格的"美体少年";塑造具有健康高雅的审美情趣和人文修养,具有必备实用的动手能力和自理能力,乐于实践、敢于创新的"美育少年"。

学校在"美好课程"建设与实践中主要通过三类课程分别实施,在基础型课程板块,在学科的基础上主要通过基础型课程校本化实施、基础型课程跨学科研究,以及基于学科核心素养的单元教学、设计、研究三个方面入手,开展课程的建议与研究。在拓展型板块和探究型板块主要通过艺术类、科技类、体育类、文学类、实践类等几个方向予以开展,尝试美德、美智、美体、美育等"美好课程"活动课程的设计与建设,为学生全面发展和个性发挥提供课程支持,满足不同层次学生的学习需求,促进学生德、智、体、美、劳全面发展。

第一节　美好课程的整体框架

"美好课程"以"情感心理学"和"多元智能理论"为理论依据,基于学校强校工程的实施要求和师生特点,制作结构合理、形式多样、内涵丰富、特点鲜明的适合本校学生成长需要、适合本校教师发展需求的"美好课程"。

一、"美好课程"目标

聚焦教育综合改革和学生核心素养的培育,以"让每一个孩子学会过美好生活"为办学宗旨,以"美好教育"为办学愿景,为学生全面发展和个性发挥提供课程支持,满足不同层次学生的学习需求,开展多样化的课程实践研究,形成具有校本特色的办学策略,促进学生德、智、体、美、劳全面发展。

在学生培养方面,我们通过"自强、自信、自立"教育,培育"品学兼修、特色见长、艺文同彰"的自律自励、乐观进取、富于责任的合格初中生。我们设立的学生培养目标为:让学生树立自强的精神——懂感恩、爱家国;让学生建立自信的信念——会学习、爱思考;让学生形成自立的能力——勤健身、爱劳动。

二、"美好课程"结构

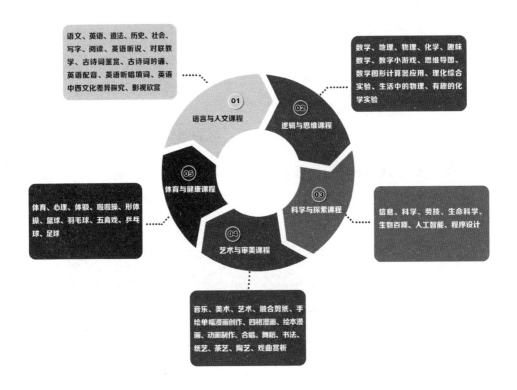

三、课程设置

"美好课程"在严格依据市课程计划规范课程设置和课程计划执行的基础上,将五大类课程融入三类课程计划,构建能满足学生自主选择需求课程系列,促进教师的专业成长和学生的全面发展。(见表5-1-1)

	语言与 人文课程	逻辑与 思维课程	科学与 探索课程	艺术与 审美课程	体育与 健康课程
六年级	语文、英语、道法、写字、阅读、英语听说、对联教学、古诗词吟诵	数学、地理、趣味数学、数字小游戏、思维导图	信息、科学、劳技、生物百项、人工智能	音乐、美术、融合剪纸、手绘单幅漫画创作、合唱、舞蹈、书法、纸艺、茶艺	体育、体锻、啦啦操、篮球、羽毛球、五禽戏、乒乓球、足球
七年级	语文、英语、道法、历史、写字、阅读、英语听说、对联教学、古诗词鉴赏、英语听唱填词	数学、地理、数学图形计算器应用、趣味数学	科学、劳技、生物百项、程序设计、人工智能	音乐、美术、动画制作、四格漫画、融合剪纸、合唱、舞蹈、书法、陶艺、茶艺	体育、体锻、心理、啦啦操、篮球、羽毛球、五禽戏、乒乓球、足球、形体操
八年级	语文、英语、道法、历史、阅读、英语听说、对联教学、英语配音、影视欣赏	数学、物理、理化综合实验、生活中的物理	生命科学、劳技、生物百项、程序设计、人工智能	艺术、动画制作、绘本漫画、合唱、舞蹈、书法、陶艺、戏曲赏析	体育、体锻、篮球、羽毛球、五禽戏、乒乓球、足球、形体操
九年级	语文、英语、道法、社会、阅读、英语听说、对联教学、英语中西文化差异探究	数学、物理、化学、理化综合实验、生活中的物理、有趣的化学实验	生命科学、生物百项、程序设计、人工智能	艺术、动画、绘本漫画、合唱、舞蹈、戏曲赏析、书法	体育、体锻、篮球、羽毛球、乒乓球、足球、形体操

在时间安排上，除规定的基础型课程之外，周五下午 13:50—15:00 以拓展型课程和探究型课程为主。通过 4 年 8 个学期的课程学习，确保学生顺利完成规定课程内容的学习之外，能自主选择 4 门自己喜爱的课程，丰富学习经历，培养学科兴趣。

第二节　学科课程的落地与创生

学科课程主要面向基础型课程，以教育部颁布的《基础教育课程改革纲要（试行）》

和《上海市教育委员会关于批转上海市教育委员会教学研究室〈关于加强中小学课程管理的若干意见(试行)〉等6项教学工作意见的通知》为指导纲要,依法按规设置,精准规范实施。在学科上,开足开齐18门学科,实现课程设置规范化。在师资上,配足配齐专业教师,实现各学科任教人员专业化;在排课上,根据学生的身心特点和发展规律,从减负增效、动静结合的角度出发,以大脑分工理论和情感教学心理学为科学依据,予以科学编排,实现课程编排高效化。

一、基础型课程校本化实施策略与方法

我们在立足学校内涵与特色发展,充分了解和分析学科优势的基础上,从学生全面发展和个性发展的需要出发,确定了数学和英语两门学科开展基础型课程校本化实施的研究和推进工作。其中,数学学科以"初中数学课堂教学中'学生活动设计'的实践研究"为研究方向,英语的研究主题为"基于中考改革背景下英语听说训练的实践研究"。我们通过课题引领,促进教师充分理解国家课程的意图和目标,鼓励和引导教师深入分析学科内容体系,对课程进行二次开发,不断树立和强化教师的课程意识和课程开发研究能力,充分调动教师创造性实施课程的积极性,形成课程创新的氛围,促进学生全面、个性发展。

(一) 英语听说训练

我们认为学生英语听说能力的提升重点在于积极创造英语学习的语言环境,准确应用科学的教学和训练方法,以及探索英语听说教学的句法与语义策略。

我们采用师生合作教学这一开展音标教学。例如,"新编国际音标快速拼读法"第一课时16个基本辅音和Alpha blocks第一季第一集相结合。

"新编国际音标快速拼读法"第一课时是16个基本辅音和元音/i:/和/i:/的教学。Alpha blocks第一季第一集26个字母总体介绍及每一个字母的常见发音,每个字母以生活中的一个动作模拟出发音,生动形象学生容易模仿,方便记忆。

例如,字母 p 发/p/,是字母 P 变身的水泡,水泡破裂的声音;字母 b 发/b/,是字母 b 弹拨贝司发出的声音;字母 t 发/t/,是字母 t 变身水壶倒茶的声音;字母 d 发/d/,是字母 d 打鼓的声音;字母 c 和 k 发/k/,是字母 c 把冰劈碎的声音,也是字母 k 踢足球的声音等。

这一集内容是学生们最熟悉的,每次两分钟预备铃响的时候,Alpha blocks 的音乐也随之响起,学生们的积极性立刻被调动起来。音标教学一周后,两个班级的所有学生都能熟读这 16 个基本辅音。这也为之后的自然拼读奠定了坚实的基础。

随后,我们将开音节、闭音节的学习和 Alpha blocks 第一季最后一集 Magic E 相结合。开音节和闭音节对学生而言一直是一个难点。虽然已经有对开音节和闭音节较为简练和清晰的归纳,但对于初学者来说,还是有些云里雾里,摸不着头脑。于是我们将 Magic E 来引出开音节和闭音节的概念。

我们通过回顾 Alphablocks 第一季第一集中各元音的发音,字母 a/ei/,字母 e/iː/,字母 i/ai/,字母 o/əʊ/,字母 u/juː/,是五个元音字母在闭音节的发音;播放该集前半段并观察:带上了黑色面具的字母 e 施展魔法让五个元音字母的发音变成了它们本身的发音。

然后选取 Magic E 中学生熟悉的片段 plan/plæn/→plane/pleɪn/,让学生连续观察词尾有 e 和没有 e 的元音发音。在看完整的第二和第三遍时,要求以小组为单位记录下这集中所有闭音节变为开音节的变化组,多者为胜,并将变化组全部呈现在黑板上,让学生进一步验证闭音节和开音节的变化规律。

用这种方式熟悉掌握了闭音节和开音节的读音变化规则后,我们让学生以小组合作的方式再写出几组符合该变化规则的单词,学生们都兴致勃勃,跃跃欲试,但很快就发现了新问题。有学生写出了这样几组:car→care,far→fare,写的时候没发现,但一读就发现辅音字母和前面的元音字母形成了字母组合/ɑːr/,而且加上不发音的字母 e 后,三个字母又形成了字母组合/eər/。发现问题,就要解决问题,学生们开动脑筋,又列出了一些辅音字母为 r 的单词,进一步证明字母 r 是排除在魔法 e 的适用范围之外的。

这样的一个学习过程让学生们在英语学习中充分发挥主动性和能动作用,他们在科学探究活动中提出问题,小组合作自己设计解决问题的方案,自己动手搜集各种资料,开展调查与实验,自己搜集整理实验的数据,有依据作出解释或结论。只有这样,学生才能做学习的主人,并在此过程中成为个性化发展的主人。

(二)数学课堂教学中"学生活动设计"的实践

我们针对学生活动设计在初中数学课堂教学中有效性开展研究,探索初中数学活动的特点、初中数学活动设计的原则、策略和流程,进而改进初中数学教师课堂教学中的活动设计实践、提高初中数学教学的有效性。

"7.1线段的大小比较"是六年级第七章"线段与角的画法"的第一节课,是整个单元的开篇课。学生在小学阶段已经初步了解了直线、射线及线段的表示方法,在此基础上本节课要求学生进一步掌握画一条线段等于已知线段的方法,重点是运用叠合法比较线段的大小。同时它也是后续我们学习角的大小比较、对图形的重合进行说理的基础,因此在教学过程中必须重视学生动手操作的过程、探究问题的方法和数学语言的表达。

问题1:请同学们举一举生活中两条线段比较大小的例子。

对于两条线段的大小比较。学生其实在实际生活中已经有了大量的体验。所以他们可以将生活中的一些事物抽象成两根线段。那么,在实际生活中如何去比较它们的大小呢?我们可以让学生自己来举一下例子,学生会举例比如:大树和旗杆、两支铅笔、课桌桌面相邻的两边,等等。

问题2:如何比较两支铅笔的长短?

学生首先想到的是拿刻度尺去量,也就是度量法。此时可以让学生示范,将铅笔的一端和刻度尺的零刻度线对齐,看铅笔的另一端落在刻度尺上的位置,描述度量法的操作步骤,这其实也是用到了线段叠合的方法,为后面引入叠合法做铺垫。

学生想到的第二种方法是将两支铅笔放在一起比较,正是这节课的重点叠合法。同样要让学生进行示范和描述操作过程,目的是为从物品的叠合过渡到后面两条线段叠合做准备。

问题 3：已知线段 AB 和线段 CD,如何用叠合法来比较他们的大小?

比较完实物后,我们将实物抽象成线段,来比较它们的长短,也就是这节课的标题"线段的大小比较"了。对于不能像铅笔一样可以移动的线段,如何将它们叠合在一起,教师可以先让学生自己先进行尝试,交流想法,然后从旁进行点拨。利用作图工具,在一条线段上作与另一条相等长度的线段,使得它们其中一个端点重合,比较另一个端点的位置。通过作图将它们叠合在一起,进行比较,引出叠合法。

问题 4：利用叠合法,比较线段大小,完成表格

	图形	点 B 的位置	符号表示
情况①	A————B C————D		
情况②	A————B C———D		
情况③	A————B C——D		

这一环节是检验学生是否理解了线段的叠合法,表格的形式也是向学生渗透分类讨论的数学思想,学生填写后进行展台展示,教师点评,让学生在这个过程中自主地完成知识的构建。

在我们以前的教学设计中,可能缺乏对整个单元教学内容的思考,我们从实际生活中引入线段后,就直接进入了线段的长短比较的环节,使得学生没有一种与实际生活相联系的一种感觉。因此在这节课中我尝试了这样一个数学活动片段,设有 4 个问题,每一个问题都是建立在学生对实际生活已有的认知上,都是为了让学生更好地理

解叠合法做铺垫,以达到此次活动的目的。也就是说,活动由主要问题及一系列任务链组成,有效的课堂活动必有层次性,从而让学生一步步阶梯式地深入,由一个任务链构成整个活动的有机整体,使教学层层递进。

另外,在教师的指导下,学生通过自己动手操作,掌握了研究几何图形的方法,所得到的探究经验,也可以用在之后学习"角的大小比较"上,这样一种知识迁移的过程就是在锻炼学生的数学思维品质以及核心素养,对于他们构建知识体系也会起到承上启下、融会贯通的作用。我认为这样的教学设计才是有效的,围绕教学目标的,能够促进学生发展的,我们所追求的互动性的活动设计。

(三)"对联教学"提升初中生语文能力

对联是我国优秀的传统文化之一。它短小、思维灵活、开放,具有跳跃性特点,这些非常适合初中生的思维特点。对联又以最精巧的语言形式、优美的节奏韵律集中体现人们的智慧,具有极强的艺术概括力和极其丰富的思想内涵,以凝练、短小、富有哲理与个性见长,可以说是集形式美、音乐美、意境美于一联,是中华民族特有的审美情结的产物,也是当今提升学生审美情趣及审美能力的好载体。

我们的"对联教学"主要以"弘扬中华民族传统文化"为宗旨,以提高学生语文学习兴趣,拓宽学生视野、充实学生语文知识,厚实学生文化内涵、提高欣赏能力和培养学生初级对联创作能力等语文综合能力为教学目的。它以对联知识为切入点,以语文学科内容为基本点,探究对联学习与语文教材学习的结合点,通过学习对联知识,感受汉语知识和汉语文化的丰富多彩。通过名联的吟诵和欣赏,感受中国文化的音韵美、形式美和内在美。通过对联的思考创作,提高学生遣词造句的能力和创作能力,提高语文学习的主观能动性,并形成自觉继承弘扬中华民族传统文化的意识与能力,从而提高学生的语文素养。

"对联教学"的主要内容以语文教材为主线,在单元课文中安排"一课一联"和"联说课文"等内容,同时以对联在学习语文与校园生活的应用为辅线,穿插"对联知识、对联趣事、对联鉴赏、对联练习与创作"等部分,且都与单元主题或学生生活有关,我们称之为"多彩生活"的楹联创作内容。

（1）生活入联，吸引兴趣：从同学们每天生活中吃的、喝的、用到的、看到的东西入手，先引起同学们的兴趣。比如：起床—洗脸、吃饭、喝水；蛋炒饭—手撕鸡、肉夹馍；菊花茶—蜂蜜水、竹筒饭、艾叶粽、银杏果；饮水机—排风扇、避风港、搓衣板、吸尘器、晾衣架；紫藤上架—细雨穿林、绿柳扶墙、红日伏山。生活入联，让同学们在对对联中去感受生活的滋味，体会生活中的美好，感受学对联的乐趣。兴趣是最好的老师，有了兴趣，学习对联，进而学习语文的劲头就越来越足。

（2）连词成句，提升信心：从一个字开始，到一个词，再到连成一句，这样慢慢地累加，在累加中去修改、对照平仄、体会字意词意。比如：风——秋风——秋风扫——秋风扫落叶（出句）；雪——冬雪——冬雪压——冬雪压枯枝（对句）。这样的连词成联法，教同学们对对联，同学们比较容易上手，有成就感。在词语慢慢的累加中，能很快地学会对对联。同学们的自信心越来越大，提升得很快。

（3）一课一联，发散思维：紧扣课本，创设了"一课一联"的环节。所谓"一课一联"，就是每上一课课文，老师根据文意拟定一个上联或下联，让同学们试对。因为有平时一点一点的积淀，所以同学们现在在"一课一联"时有渐入佳境的感觉。

例如杜甫《望岳》这一课，我出的联是"少陵望岳"→"少陵望岳写诗"，有层次感，需要同学们动脑筋的。下面是同学们课堂上对的联：少陵望岳写诗——苏武牧羊为国（江佳怡）；玄奘取经布道（江佳怡）；苏轼游湖饮酒（赵旎萍）；刘备带兵打仗（赵志伟）；盘古开天创世（陈莉莹）；后羿射乌救世（程浩）；梁帝讲经养性（赵志伟）；和尚念经超度（程浩）。从同学们对的联的内容来看，有从课本中学到的知识，如：苏轼游湖。有从拓展阅读教材《声律启蒙》中学到的，如：梁帝讲经。有从课外书中看来的，如：盘古开天，刘备带兵，玄奘取经，苏武牧羊，后羿射乌。有从生活中来的，如：和尚念经。通过对对联，同学们把这些学到的东西，融会贯通地加以运用，而且运用得合理得当，甚至很出彩，这是令人非常惊喜的现象。"一课一联"，同学们需开动脑筋，思维得以发散，智慧得到更好的开发。

（4）写"主题"联，提升雅趣：在生活入联，连词成句，一课一联循序渐进积累的基础上,对联拓展课的教学最终要提高到"主题"成联的创作阶段。这个阶段,是培养同学们高雅志趣的阶段。所谓"主题"成联,就是每节课给同学们一个主题,比如:重阳节。在布置这个主题时,先给同学们讲解有关重阳节的由来,和重阳节有关的习俗、甚至有关的诗词。然后再让同学们根据了解的知识,结合自己的感受体会,开启智慧去完成一副对联。主题"重阳节"的对联:望远登高思故土;品茶赏菊采茱萸。(吴昊楠);风轻菊馥水波皱;月朗山高松影疏。(童文军);菊酒飘香独自醉;桂糕松软众家甜。(戴梦男);登高望远雁归去;饮酒思乡鬓始秋。(韩天奇)

对联的"主题"是根据季节的变化和同学们的学习生活来安排的,如写校园的景色"紫藤""红枫"等,传统节日"中秋节""重阳节"等,还有为学做人方面的等。为了便于同学们细心观察景物,开阔思路。教学的场地也经常由教室改成了室外教学,让同学们在风景如画的环境中,带着一颗愉悦的心去创造。益智抒怀,雅趣高远。

通过这层层深入的渐进式的教学,同学们对对联时越来越顺手,脸上的笑容越来越灿烂。对天对地,天地有情皆可对;联古联今,古今无事不成联。小小的对联,它的内容却可以包罗万象,是典型的"小身材,大容量"。

通过"对联教学",学生们走进生活,把生活中的春花秋月,山川鸟兽,江河湖海,烈日严霜,还有自己的喜怒哀乐,都收纳进对联,并能在收纳之中亲身去感受我们传统优秀文化对联的魅力。同时,更在学习的过程中,不断增加信心,开启智慧。感受中华传统语言文化的独特魅力,提高自己雅趣,逐渐提高自己对中华传统语言的综合运用能力和个人的素养,真是益处多多。

二、跨学科教学的策略与方法

在中考改革的背景下,师生应重视每一门科目的教与学,不断丰富学习经历,拓宽知识面。培育学生综合应用知识的能力,独到的分析能力,优秀的创新素养和有个性鲜明的创造力。因此,教师要转变"学科本位""成绩本位"的观念,树立"跨学科教学"概念和理念,逐步破除学科界限,在以基础型学科为主的课堂教学中,适时融合跨学科思想和相应知识点,为学生综合学习能力的培养奠定基础。

(一)"跨学科教学"教研团队建设

我校的"跨学科教研组"涉及物理、化学、生命科学、地理、科学、计算机等多位教师。教研组以新中考改革为导向,积极探索跨学科互动式教研的运作机制,深入开展教学研究活动,淡化泾渭分明的课程壁垒,加强学科之间的横纵向联系,促进教师综合能力的发展。

教研组的建设目标立足国家课程标准,通过把握学科核心概念,合力构建跨学科知识网络,设置驱动性问题引发跨界学习行为,用设计多维度实践,渗透表现性评价等措施,切实提高学生的核心素养和问题解决能力,推动跨学科学习的校本化发展。

我们秉持"以校为本,教学研究"的理念,教研组的建设重点以跨学科教学实施过程中的问题为出发点,打破原来的教学研究格局,以分学科教师为教学研究的主体,组织和建设跨学科教研组。

在教研组建设的内容设置上,围绕制定教研制度、丰富教研的形式和内容、营造以研促教的局面,让各个学科的教师相互了解不同学科的知识内容,共同探讨学科之间的联系、相关知识和教学方法,保证在即将实施的中考改革中占据主动性,将跨学科学习的内涵向着纵深方向发展,拓展教师的知识视野和专业领域,培养学生综合运用所学的学科知识来分析和解决实际问题的能力,提升学生综合素养。

1. 制定跨学科教研的教研制度。跨学科教研组的教师原属不同的教研组,涉及6门学科,除了常规的教研活动之外,还要另辟时间组织跨学科教研活动。我校跨学期教研组制度既突出教师在教研组建设中的主体地位,同时也能够反映出教师对跨学科教研活动的需求。

我校的跨学科教研组的教研制度主要内容包括明确跨学科教研活动实践,确保每月至少一次教研活动;形成教研组内对话交流制度,让教师轮流做教研活动的中心发言人开展主题交流;倡导与校外专家开展多种形式的对话和研讨活动;知行合一,学练结合。通过理论与实践相结合,跨学科融合,强化综合科研实践、综合教学实践,在做中学,在教育教学改革中学;建立激励机制。对教研组成员取得的教改创新成果,包括课题成果、论文、竞赛获奖、评优课、优秀案例等,予以奖励。

2. 丰富跨学科教研的形式和内容。跨学科教师专业知识领域不同,教师在专业知识方面存在着一定的互补性,专业思维方式也存在着一定的差异性,这些恰恰构成了互动教研的有利条件。通过挖掘教师的专业潜能,拓展跨学科教研组内教师互动式教研的形式和内容,方能使教师互动式教研更具实效。

我校跨学科教研组的教研形式和内容包括开展有针对性的教材分析活动,例如生命科学中的微生物这一节内容,涉及化学的相关检验方法,可以由化学老师帮助生命科学教师分析和解答备课中的疑难问题;在组内开展市级优质课的学习、研讨等系列活动。从中学习和借鉴他人的经验和做法,共同分析跨学科的教学方式,共同研究改善课堂教学方式的方法;开展专题学习和研讨。通过组内不同学科教师之间的互动式切磋,实现互相启发、互相促进、共同提高。除此之外,也可以通过跨学科教师之间以"随机"组合的方式开展互动式教研,即教师之间根据教学过程的即时性问题随时随地开展小范围的教学研究,这对教师顺利开展跨学科教学活动十分重要。

3. 形成以科研促进教研的良好局面。教研组通过建立以科研促进教研的运作机制,针对教研工作中的问题进行课题研究,使教师在研究状态下工作,不断提高教师解决跨学科教学实际问题的能力,提高教师对跨学科课程的应用和开发能力,使跨学科教师的日常教学工作与其专业成长融为一体。

例如我们跨学科教研组以"新课程下跨学科实践教学中的学生发展核心素养的意义和途径探讨——以初中生命科学、地理为例"课题为引领,通过整合、对标两学科的学科核心素养,与学生发展核心素养相对接,通过对生命科学、地理学科的跨学科命题设计,探寻学生发展核心素养在学科教学中的实施途径,为六大素养、十八个基本要点的落地找到支撑。

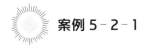

科学吃出健康来——舌尖上的地理

本课从祖国各地特色菜肴的营养成分入手,通过对各地菜肴主要食材的营养成分的分析及其对人体健康作用的认识,并结合各地自然环境对农业生产及作物选择的影响,引导学生对基于各地自然环境不同所导致的作物、牲畜分布的地域差异,进而可能造成的某些营养的失衡或缺失予以充分的认识与理解。

在本课的学习中,教师应以我国自然环境的地域差异为知识基础和背景,基于学生对于我国自然环境地域差异的探究与认识,逐步引导学生将菜肴的地域差异与食材(作物、牲畜)的地域差异、自然环境的地区差异、农业条件的区位差异、营养结构的地域差异相结合,逐步建构起地理与生物学科之间的联系,实现学科间知识与技能的综合运用与实践。

从地理学科视角来看,我国国土辽阔,气候、地形等自然条件丰富,存在着较明显的地域差异。因此,在农作物、牲畜的选择上,应强调因地制宜,从而形成区域协调发展的意识与观念。

从生物学科角度来看,各食材所含的营养元素是维持正常生命活动所必需摄入生物体的食物成分。现代营养学对于营养素的研究,主要是针对人类和禽畜的营养素需要。营养元素主要分为蛋白质、脂质、碳水化合物(糖类)、维生素和矿物质(无机盐)、水、纤维素7大类。每一类营养元素对人体健康都有着不可替代的重要作用,缺失任何一类营养元素,都会导致严重的健康问题,诱发相应的疾病,甚至危及生命。

因此,要实现科学饮食、均衡营养,就必须综合地理和生物学科知识,从地理条件的地域差异出发,从营养元素的作用与分布出发,对地理条件与食物营养间的联系形成全面深刻的分析和认识。

在活动设计中,我们首先通过出示图片,让学生根据当地农业发展的条件,选择适合当地生产的作物和牲畜,拖曳至相应位置,且说明原因。

在课堂练习环节,我们通过创设情境,如碘在海产品中含量较高,我国西部地区因缺碘导致甲状腺肿大患者比重较高。请学生根据中国铁路干线分布图,试从地理学角度分析,回答从连云港以铁路运输大量海产品至乌鲁木齐需途径哪些铁路干线,沿线经过哪些省级行政区? 该方法是否可行? 会遇到什么困难? 还有没有其他解决的办法?

第三节　活动课程的创意与推进

活动课程主要围绕拓展型课程、探究型课程展开,学生心目中的"美好课程",必然是学生感兴趣、有益处的课程。因此课程的研发和设置既要考虑学生的兴趣和意愿,也要兼顾课程的科学和效用;既要考虑课程数量上的丰富和多元,也要重视课程品质上的精良和特色;既要关注民族传统文化元素的融入,也可尝试现代信息技术手段的运用;既要有长期稳定的"长课程",也可兼具灵活合作的"短课程"。

学校对与活动课程的研发主要从艺术类、科技类、体育类、文学类、实践类等几个方向予以开展,与美德、美智、美体、美育等"美好课程"的目标维度相对应。

一、创设丰富多元的活动课程

(一) 艺术类课程

艺术一般具有形象性、主体性、审美性和文化性的特点。开设丰富的艺术类课程能够帮助学生感受生活、了解文化、关联科技,提升审美判断。我们学校的艺术类课程立足艺术特色项目,开设动画、漫画、剪纸、声乐、舞蹈等课程,为学生提供更为丰富的选择。

1. 动画课程。动漫画一直是学生喜闻乐见的艺术内容,而 3D 动画制作是我校新的亮点。我们将"动漫"这种文化资源,与素质教育相结合,通过动画的创作开发学生智力,使学生由单向逻辑思维向立体形象思维发展。利用动画作品"构思——设计——制作——展示"的创作过程可以培养学生的创造性思维。

我们的动画课程旨在激发学生对动画制作的兴趣,通过课程学习基本掌握动画制作的方法、步骤和流程。通过三年的课程学习使每个学生都能独立完成动画小品的制作,能较为熟练地运用动画语言来反映校园生活或是社会现象,体会创作的乐趣。

在课程内容设置上,我们主要包含以下几个内容。动画前期课程。主要是引导社团学员知道动画的历史,了解常用的动画软件。根据自己的意愿进行分组,并撰写动画剧本,初步拟定剧本的分镜头,以及在漫想家动画软件中根据各组剧本布置编辑场景和设计编辑人物。在动画中期课程中主要是引导学员在动画软件中根据各组剧本进行分镜头设计,对编辑好的场景人物创建摄像机构图,在构图基础上进行人物动作的编辑,根据剧情需要添加特效、灯光,以及选定组员进行配音,再合理安排镜头切换移动,预制输出效果。动画后期课程主要为作品的修改与调整,结合其他软件制作片头片尾插入动画短片,最终形成完整的动画作品。

2. 漫画课程。漫画的浅显易懂、幽默有趣、信息量大、贴近生活、少说教而寓教于乐等符合学生的喜好和年龄特点。我们以漫画课程为抓手,用学生喜爱的动漫形式展现校园生活,不断提高自身的审美情趣和艺术素养。

我校漫画课程的主要授课对象为六至八年级美术社团的学员,课程共分三个阶段,计划通过三年的拓展课学习使学生掌握从简单到复杂,从单幅漫画到漫画绘本的制作过程。第一阶段为漫画人物,主要包括通过描绘漫画人物解决漫画人物脸型、朝向、五官的基本画法;通过带有故事情境的单幅漫画人物创作,解决漫画人物喜怒哀乐的表情画法,以及夸张的处理手法;解决漫画人物的身体比例、动态的画法;学会抓取人物外貌和性格特征,掌握漫画的夸张表现手法。

第二阶段是单幅漫画创作,主要包括通过完成单幅漫画创作,解决绘画构图中三角形构图和黄金分割等技法问题;通过对故事插画的创作解决场景、建筑、家具等背景的绘画方法。

第三阶段是四格与绘本创作,主要包括知道四格漫画创作的基本方法,能通过四格漫画的手法表现简单的故事内容,如成语故事等;知道多格漫画创作与四格漫画创作之间的区别,能掌握基本的漫画分镜技法,能通过多格漫画的表现较为复杂的故事内容;知道绘本注重思想内涵上的表达与传达,掌握绘本的基本创作手法。能通过绘本的形式来表现故事情节、传递自己的情感与感悟。

3. 剪纸课程。剪纸课程在学习剪纸的基本技法的同时,结合学生对动漫的审美和认知特点,学习设计融合动漫剪纸作品,表达学生的社会认知、道德观念、实践经验、生活理想和审美情趣,具有认知、教化、表意、抒情、娱乐、交往等多重社会价值。剪纸课程的内容包括传统剪纸的基本技法;对自己的作品进行有剪纸特点的图案的转化;运用阴刻、阳刻形式来设计构思经典动漫的剪纸作品等。

4. 合唱课程。合唱作为一种集体性很强的声乐艺术,以它丰富的音乐表现力给予人们旋律美、和声美、情感美,也是对学生进行审美教育的一种极为重要而富有成效的手段。我们的合唱课程旨在引导学生感受和了解合唱的魅力,帮助他们掌握正确的发声方法,学会用轻声演唱的发声方法追求统一协和的合唱音色,体会音乐的和声之美、变幻之美,让孩子们真正体会到音乐美的魅力。培养学生对合唱的兴趣和自信心,提升学生的审美情趣,加强学生的团队意识和合作精神。

我校合唱课程的主要授课对象为六年级至八年级合唱社团的学员,课程共分三个阶段,计划通过三年的拓展课的学习使学生掌握基本的发声方法,能单独演唱简单的艺术歌曲,并在合唱活动中发挥自己的演唱水准,加强队员之间的互相合作。其中第一阶段学习内容主要为掌握基本的发声方法;第二阶段的学习内容为学会高位置的混声演唱;第三阶段的学习内容主要为提高合唱技巧和能力。

(二)文学类课程

文学类课程主要为楹联课程和诗词吟诵课程。学校的楹联课程有着较为传统的历史,并在区域内形成一定影响,是杨浦区区域共享课程,师资上也实现了老中青传帮带的衔接,也涌现了一批拥有兴趣和能力的学生。除了楹联课程,学校还进一步拓展文学类课程的内涵,除楹联外,尝试开设诗歌、吟诵等文学课程,与楹联一起,形成民族文化课程的基础架构。

1. 楹联课程。楹联,又称对联,是中国传统文化中最能表现汉语言文字特点的一种文学形式。其语言浓缩精练、内涵博大精深,节奏鲜明工整,声律和谐而有韵味,形式短小灵动,成为古今启蒙教学的基本形式。我们认为,在初中语文教学中引进对联学习,既能体会汉语言文字的特点,又能激发学生学习的兴趣,对语文的知识掌握更准确,对语文的内涵理解更深入,对语文的美感把握更透彻,能有效地提高学生的气质修养、文学底蕴和对中华文化的理解。她不仅是语文学科的补充和延伸,更是语文学习的动力,是学生挖掘潜力、展现自我风采的平台。

楹联课程的主要内容包括学习对联的基本知识,如对联撷谈,楹联历史、种类等,感受汉语知识和汉语文化的丰富多彩;吟诵和欣赏古代名联,感受中国文化的魅力;学习对联技巧,创作各类对联,如对句技巧,成联创作等;文化学习与积累,如对联趣谈,名联欣赏等;以课堂教学为例,开发对联与语文课文教学有机结合的实践,使语文课堂教学生动且高效。

2. 诗歌吟诵课程。吟诵是汉语文的传统的唯一诵读方式,吟诵也是古代诗人主要的创作方式。我们的诗词吟诵课程主要根据学生年龄特点,通过开展经典吟诵活动,弘扬祖国优秀的传统文化,加强优秀文化熏陶,提高学生的文化和道德素质,增长语言文化知识,提高学生的语文综合素质和人文素养。

课程的内容主要包括吟诵是什么;汉语的历史;四声的涵义;汉诗文的涵义;吟诵的规则;汉诗文的声韵;吟诵"九法";学习吟诵的意义等内容。

(三) 体育类课程

学校作为上海市"初中体育多样化"课程改革试点学校,以尊重学生意愿、培养学生兴趣、发展学生专长为理念,推行分类、分层走班制度。积极与少体校专业队对接,以学生的兴趣特长为选材依据，以学生的生涯发展为培养基调，以少体校为进阶终端，以专业比赛为成果体现，形成由低至高的供才、选才链式机制，开设跆拳道、啦啦操、三大球等体育社团，实现体育社团的规范化与自主化相结合、开放化与本土化相结合，专业化与普及化相结合的发展。同时，学校还引入五禽戏这一融民族文化与体育健身于一体的课程项目，在强身健体的同时，让学生体会民族文化的博大精深，增强民族自豪感和自信心，使体育课程的内涵和效用得到进一步的拓展和延伸，在"美体"的同时，起到"美德"的作用，实现"德体融合"。

1. 跆拳道课程。我们的跆拳道课程除了帮助学生掌握跆拳道的基本知识，并运用所学的跆拳道进行自身的体育锻炼及对意外情况的应变自卫能力之外，还注重培养学生"礼仪廉耻，忍耐克己，百折不屈"的跆拳道精神，以及相互沟通和人际交往能力，并养成学生终身参加体育锻炼的意识和习惯。学校也充分利用上海体育学院优质的跆拳道资源，聘请优秀的跆拳道教练，制订了较为详尽的课程方案。跆拳道课程的开设，弥补了学校运动场地的不足，在常规的体育运动之余，给了学生更多的选择，跆拳道馆已成为学生课余常去的运动场所。

跆拳道课程的内容主要为跆拳道品势太级一章至四章，包含站位、基本姿势、基本步伐、腿法等跆拳道基本技术部分和跆拳道的起源与发展等理论知识部分，以及跆拳道对练和跆拳道表演等。

2. 啦啦操课程。啦啦操是一项新兴的运动项目，由篮球比赛中场休息的表演演变而来，是融健美操、舞蹈、音乐及各种技巧动作于一体的集体舞蹈，注重激情、活力和团队精神。啦啦操超越健身操范畴，追求最棒的舞蹈动作，是体育的，又是娱乐的。啦啦操分为技巧和舞蹈两大类，主要通过团队的合作团结、积极向上、勇于拼搏的精神，去追求一种集体荣誉，形成一种团队精神。它还是一项向人们敞开心扉，让人感动的运动，它强调每一个位置的重要性，使集体中的每个人都拥有同样的目标。

本课程主要讲授啦啦操运动的基本理论知识、技术动作、创编原则和竞赛规则，培养学生的表演能力、教学能力和编排能力，以及培养学生合作意识和团队精神，享受集体荣誉的快乐。

3. 篮球课程。篮球运动具有独特的趣味性、健身性和教育性,在学校体育课中篮球也是具有极大作用的。我们开设篮球拓展课程,旨在加强学生运动能力,培养学生锻炼身体的健康意识。其次,通过开设篮球课程也加强学校篮球运动的推广和发展,强化培养学生综合素质的教学活动,丰富学生体育锻炼,让更多的学生参与到篮球运动中来。

我们篮球课程的主要授课对象为六至八年级篮球社团的学员,课程共分三个阶段,计划通过三年的拓展课学习使学生掌握从简单到复杂,从普通的对篮球有兴趣到把篮球当作终身锻炼的运动项目。其中第一阶段主要为了解篮球运动,培养篮球兴趣。我们通过设计篮球小游戏等方式提高学生的学习兴趣,在篮球小游戏中打磨学生的篮球的基本运、传、投的能力。第二阶段主要任务是建立篮球队,培养学员在开展篮球运动中的合作拼搏精神,加强学生团队协作能力,同时强化篮球的基本功,加入少许的两人、三人配合。第三阶段主要是比赛交流,通过篮球技术战术学习,以及与其他学校开展交流友谊赛培养学生团队协助精神和顽强拼搏的精神。

4. 五禽戏课程。五禽戏是东汉名医华佗遵照"天人相应"的思想,根据古代导引、吐纳、熊经、鸟伸之术,研究了虎、鹿、熊、猿、鸟这五禽的活动特点,创编了一套以防治五脏疾病为目的、具有中国传统风格特色的导引术。五禽戏具有外动内静、动中求静、动静具备、有刚有柔、刚柔相济、内外兼练的特点。我们在初中阶段引入五禽戏课程,旨在让学生通过五禽戏的练习了解中华优秀传统文化,同时也易于调动学生学习和参与的热情,进而激发学生的模仿力和想象力,用新奇的内容来激发学生的好奇心、学习的积极性和主动性,这样更加有利于学生主体地位的发挥,也提升了体育课堂教学的效果,这是符合初中生学习与成长需求的。

课程的内容主要为虎戏、鹿戏、熊戏、猿戏和鸟戏,掌握五禽戏的基本手型,虎爪:虎口撑圆,五指张开,第一、二指关节弯曲内扣;鹿角:拇指伸直外张,食指、小指伸直,中指、无名指弯曲内扣;熊掌:拇指压在食指端上,其余四指并拢弯曲,虎口撑圆;猿勾:五指捏拢,屈腕;握固:五指屈曲握拢,拇指抵掐无名指根节内侧,其余四指屈拢收于手心;鸟翅:五指伸直,拇指、食指、小指向上翘起,无名指、中指并拢向下,并配合气息调理。

(四) 科技类课程

我们通过开设科技类课程,旨在培养学生的创新精神和实践能力,帮助学生具备科学的态度,适应未来社会发展的需要。学校在发掘本校教学资源条件的同时,积极引入社会资源,与社区、高校对接,采取"借外力,练内功"双轨并行的策略,实现课程的协同研发,并通过诸如科技节等各类校园活动开展成果展示和评比,由此激发学生学习兴趣和课程活力,保持课程的可持续发展。

1. 程序设计课程。我们的程序设计课程主要使用 Scratch 图形化编程软件,学生在学习 Scratch 程序设计的过程中不但学会熟练掌握其脚本语言的运用,提高计算思维和逻辑思维能力,而且能综合运用 Scratch 创作多媒体效果的数字文化作品。引导学生创作数字文化作品时,与学生生活实际、社会问题等内容相结合,潜移默化地提高学生信息安全责任意识,最终提升学生信息素养水平。

Scratch 课程内容根据创作难度分为"入门""提高""拓展"三个部分。入门主要为掌握编程的基础知识与技能,熟悉 Scratch 软件开发环境,掌握 Scratch 编程工具包和基础技能;通过和老师一起完成一些简单有趣的小例子,轻松掌握 Scratch 的基础知识。通过本阶段的学习,学生能够掌握 Scratch 各个类别指令的使用技巧,在自己理解的基础上,能够制作出简单的动画故事情景、小游戏、数学计算、贺卡、音乐等。提高阶段主要为编程的综合应用,通过本阶段的学习,学生将会对 Scratch 的运用有更深刻的认识,并能够用 Scratch 制作较为完整的小游戏和具备一定故事情节的动画故事。同时孩子们会掌握软件编程核心技能之循环、条件判断、变量、列表、消息等,具备初步的软件编程思维,程序流程图和阅读与分析,以及锻炼学生的逻辑思维能力。拓展阶段通过 Scratch 扩展版 MicroBit 编写硬件程序,将其下载到 MicroBit 设备中实现相应的功能,配合相应的传感器,实现简单的人工智能应用。该阶段以项目式教学为手段,设计并制作贴近生活的作品,从而加强学生的动脑和动手能力。

2. "生物百项"课程。"生物百项"是一门建立在生命科学学科的基础上进行生物领域拓展的课程,涉及各种生物知识、基本实验技能等的学习,既能培养学生具有学习生命科学的基本素质,又能较好地培养学生爱科学、学科学、用科学的行为习惯和探索能力。我们通过开展"生物百项"活动,不仅是为了让学生通过观察和实验验证知识,拓展和了解生命科学的相关知识和技能,更重要的是让学生亲自参与探究过程,学会科学研究的方法,并通过观察、实验、实践和讨论等形式,培养学生实事求是的科学态度。因此,在"生物百项"课程中,我们强化了问题的探究过程,通过科学方法的训练,提高学生的科学素质。

"生物百项"课程的参加对象为六至八年级的部分学有余力、对生命科学感兴趣的学生,内容涉及三大板块。基础类板块联系课堂教学而展开的一些观察实验、标本制作等,目的是为教学服务,提高学生的基本技能。如动植物标本采集与制作、动植物饲养观察等。专题类板块这类课题属生物科技活动的高层次内容,目的是培养学生实事求是的科学态度,以及对生物科学进行初步研究(如小论文的撰写、观察调查报告等)的能力。如进行植物观察记录、探究脊蛙的非条件反射等,都极大地激发了学生学习生命科学的兴趣。宣传调查类板块对生物科技知识、技术、政策信息的宣传活动。如我校科技节开展的鸟类知识竞赛活动、濒危哺乳动物的调查等。

二、活动课程教学基本策略

针对活动课程多样性的特点,我们开发了相应的活动课程教学策略,如场景学习策略、跨学科学习策略、主题式活动策略、课程学习评价策略等,丰富活动课程的教学形式,提升课程的学习成效。以下是主要策略的具体操作方法:

(一)场景学习策略

我们充分利用学校现有资源,在学校特色课程学习中推进学习方式变革,开发了场景学习的六种策略。

1. 情景模拟策略。通过设计学习内容与活动与特色课程的具体实践相联通,让学生在真实或仿真的活动中,通过参与和观察,在亲身体验中获得真正有用的知识和能力。

具体操作包括创设情景环境,穿插情景分析。这一步骤需要在活动或课前完成。包括与学生交流,了解学生需求和存在的问题,共同确定活动主题。教师可提供相关情景材料,指导学生按材料中的故事情景尝试表演或脚本设计。安排情景演练,进行总结内化。根据不同情景的需要布置场地,安排学生进行情景演练,并进行分析总结。课后指导练习,延伸巩固提高。在课后对学生情景模拟的效果进行自我分析与评价,帮助学生对所学内容进一步消化理解、巩固提高。情境模拟策略适用课程可以是动漫画、五禽戏、程序设计、合唱等。

2. 交互体验策略。交互体验是一种互动的交往形式,强调重视师生和生生的双边情感体验。教学过程中既是师生、生生信息的交流过程,同时也是师生、生生情感的交流过程。在特色课程中可以通过交互体验,同时对操作者和体验者有切身的体会,提升技能的同时,学会体谅和关爱他人。其具体操作包括四点,首先是分组,建议2—3人一组为佳。其次要确保组内每一位成员都能全程参与,成为操作者和体验者。第三,教师要指导学生在活动过程中注意彼此尊重。第四,活动结束后要组织学生进行反思,形成心得体会。该策略适用课程可以是动漫画、啦啦操、吟诵、篮球、"生物百项"等。

3. 角色代入策略。在学习过程中让学生通过阅读、扮演等手段,将自己想象成某个预定角色,并把自己的身份、情感与角色融为一体,去体验角色的经历,以获得知识并引起情感共鸣的方法。具体操作分三个阶段,准备阶段教师创设情境,准备相关材料,学生分组后根据自己的喜好分配角色。角色代入阶段学生通过角色表演,代入情感,体验并产生情感共鸣。角色抽离阶段学生通过交流、书写、绘画等多种形式表达对角色的感悟,教师进行相应的评价。该策略适用课程可以试试动画、诗词吟诵等。

4. 互动讲解策略。学生在课程学习中通过模拟讲解员的培训活动,培养科学的语言和其他辅助表达方式,将特色课程中所学的知识传递给他人。提升语言表达能力、合作能力和交际能力。具体操作包括指导学生了解、熟悉自己所学的特色课程的知识和内容,形成文本介绍材料。教师指导学生按区域进行分组训练,包括讲解规律和技巧。语言训练,包括发音标准、规范、声调节奏、语言组织、亲和力、声情并茂,达到观点鲜明,内容准确,言简意赅。学校通过定期的课程开放活动为在校师生,以及校外人员进行讲解。该策略适用于所有活动课程。

5. 观察日记策略。通过每天对动植物的观察记录,了解动植物的生长发育的规律和形态生理特点,知道土壤、气候条件的变化对植物生长的作用和影响。具体操作主要包括学生以个人或小组的形式认领1—2种动植物,并做好记录准备和分工。每天定时对植物进行观察,包括植物的根、茎、叶、花、果实的生长变化。可以用文字和绘画的形式进行记录。形成植物成长报告。该策略适用课程主要为"生物百项"等植物观察和种植类的课程。

6. 师徒带教策略。该策略充分利用学生之间互助合作的机制,将同一社团或项目组的高年级有经验的学生带教新成员,打破师生之间单向或双向交流,改变为师生、生生之间的多向交流。通过学生间的师徒带教方法,调动学生之间的积极性和主动性,形成良好的互助合作氛围。学习过程之中带动一部分学生通过交流或沟通掌握知识技能,不断增强学生的成就感。具体操作包括每学年以自愿为原则组织同一社团或项目组的学生结对成为师徒关系,并签订师徒带教协议。师傅要认真做好示范工作,积极传授经验。遇到问题及时与徒弟沟通、交流,从而更好地帮助其提高专业能力。徒弟要尊重师傅,认真学习,有问题及时请教。教师要随时关注师徒之间的互动情况,定期给予评价。利用积分评价体系,按要求给予相关的积分和奖励,以达到激励的作用。该策略适用于所有活动课程。

(二)跨学科学习策略

根据新中考改革的政策,我们成立跨学科教研组开展跨学科教学,探索适用于跨学科教学的学习策略,在备课、上课、作业、评价等环节初步形成相应的跨学科学习策略。

1. 备课环节。我们通过精读教材、了解学生、创新教法等策略,深入挖掘学科中可与其他学科融合的切入点。

在跨学科备课中，钻研教材显得尤为重要，教师只有精准解读教材文本，寻找到学科中可与其他学科融合的切入点，才能奠定好跨学科教学的基础。

为深入挖掘跨学科切入点，在备课中应以学科课程标准为依据，参照学科教学基本要求，根据现有教材，厘清本学科与其他学科共有的学习内容，注重学科内涵与外延的建构。以地理学科与生命科学为例，在《上海市初中地理学科教学基本要求》中，有明确的关于"气候对农作物分布的影响""地形地势与人类生产生活的关系"的内容要求；在《上海市初中生命科学课程标准》中，也提及"生物与非生物环境的关系"等学习内容，因此，"植物与地理环境各自然要素之间的相互关系"成为架构两个学科间的跨界桥梁，可作为跨学科教学的切入点。

跨学科教学中，除了要了解学生已掌握的本学科的基础知识之外，还需要了解学生已掌握的其他学科的知识，以及学生的学习兴趣、生活经验等，并对学生学习新知识可能遇到的困难、可能产生的问题有所预见。

跨学科教学不同于传统的学科教学，不是按照某一个学科的传统知识体系来传授知识的，而是以问题解决为目标的，因此考虑教法时一定要基于真实情境，从解决真实问题出发，创设真实的问题情境，借助互动式、启发式、探究式、体验式的教学方式，引导学生在经历多种学习方式的过程中，体验跨学科的学习。

2. 上课环节。我们通过设计真实的问题情境、借助信息技术的支持、加强特色课程的建设等方法开发跨学科视域下的课堂教学途径的探索。

跨学科学习指向学生问题解决能力，学生在问题情境中探究学习，实现知识的跨情境迁移。设置驱动性问题能够让学生在真实的问题情境中，从知识和情感两个方面去迁移，在积极的情感体验中有效学习。真实的驱动性问题具有开放性特征，在开放的问题情境中，探索更多的问题答案和学习方式，培养学生的创造性思维，能够将学科知识内化为个体经验，帮助学生从学科学习和群体活动两个层面与现实世界建立联系，真正提高学生的问题解决能力。

以生命科学和地理跨学科情境设置为例，地理六年级第一册"世界分国篇"中，"日本"作为与中国一衣带水的邻邦,是学生学习的第一个中国以外的国家。该课程比较全面地介绍了日本这个国家的主要特征:资源小国、人口稠密、用地紧张、多火山地震等,这些都是日本早早实行垃圾分类的原因。在生命科学的课堂上,讲到"城市垃圾处理"的时候,完全可以用日本作为案例,引导学生思考垃圾分类的重要性以及具体的操作办法,尽量做到"无害化、减量化和资源化"。

随着计算机技术的应用与发展,课堂教学日益多样化,我们针对课程特点,进一步挖掘基于大数据、计算机技术、虚拟现实技术(Virtual Reality,VR)来提升教学效果。由于虚拟现实技术呈现的场景具有很强的临场感,这种虚拟场景应用于课堂教学中,不仅形象、生动,而且能使学生有一种身临其境的感觉,从而产生强烈的视听效果,丰富学生跨学科学习的替代性体验,达到提高教学效果的目的。

各学科当中有许多知识、原理比较抽象,用语言难以准确表达,通过模拟场景实施教学,使虚拟现实走进课堂,可以唤起学生的兴趣,培养学生独立思考和自主学习的能力,增强课堂教学的真实感。例如,受客观条件的限制,如虚拟太阳系、大气运动、地表水循环过程,以及虚拟地震、泥石流、滑坡等地质灾害的产生机制与发生过程等,很难给学生展示。而在虚拟情境实验中,弥补当前地理教学中多媒体课件和教具模型的局限性,使学生在情境互动中验证地理现象与总结地理规律,实现地理知识与实际生活的融会贯通。

而随着现代科学技术的迅猛发展,学科研究已不局限于单一的学科领域,而是发展成为综合性学科研究。这就要求我们要具备广博的知识;要树立终身学习的思想,不断涉猎和扩充知识,才能跟上时代发展的步伐。

以物理教学为例,物理和数学的相似之处都是要和数打交道,它们之间的不同在于:数学的数往往是抽象的,而物理的数需要回归到其本身的物理含义上,一般来说,物理学的形式比较复杂,内容比较抽象,如果不借助数学工具,很难描述其概念和规律。比如在探究地球上物体受到重力和质量关系的教学过程中,可借助平面直角坐标系,用一次函数的知识展示重力和质量正比的关系,这样比直接教授效果更好。

为了给学生创造更多跨学科学习的体验和经历,可以结合学校开展的拓展型课程和研究型课程,精心设计具有跨学科性质的主题教学、课题研究和社团活动。比如,我们的拓展课中有:趣味物理——STEAM 课程,集科学、技术、工程、艺术、数学等学科融合的综合教育,注重学习与现实世界的联系,要求学生自己动手完成他们感兴趣的、并且和其生活相关的项目,在过程中学习各种学科,以及跨学科的知识,并使综合能力得到提升。

3. 作业环节。我们认为跨学科教学效果的检测途径之一就是作业,作为学生学习情况的反馈之一,作业能让教师及时了解和掌握学生的学习情况,对自己的教学行为作出调整。为契合中考设置的"跨学科案例分析题",教师可设计长周期开放性的作业,适当增加探究性、实践性、综合性作业,以促进学生跨学科学习与分析能力的发展。但同时要兼顾本校的学情,不宜将作业设计得过多、过难、不易操作,以免增加学生负担。

 案例 5-3-1

设计生命科学和地理的跨学科案例分析题

资料一:请判断同属狐属的这两只狐分别生活在什么地方? 在地图上标注出位置,并结合这两个地方的环境特点说明原因。(降低难度:指出 A 为大耳狐,B 为极地狐)

A   B

资料二:科学工作者在南极研究中发现,在南极,由于冰雪融化,长期被冰冻的种子解冻萌发,在这里出现了新的物种;25 年以来,南极气温上升了 10℃。这些都说明了一个现象:地球在变暖。

如果地球"变暖"进一步加剧,极地狐将会有怎样的命运?燃烧煤和石油等能源会产生大量的二氧化碳,这种气体形成一种无形的玻璃罩,使太阳辐射到地球上的热量无法向外层空间发散,它是造成地球变暖的主要原因之一。请你想一个好办法让地球"退烧"。

这样的跨学科案例分析题建立在两门学科的核心知识的基础上,既锻炼了学生跨学科综合思考问题的能力,也不会让学生耗费太多的时间和精力,是一种比较可行的跨学科作业的形式。

4. 评价环节。我们尝试开展跨学科学习的评价建议设计。跨学科学习的评价与传统测验评价有着鲜明的区别。最明显的不同就是评价理念的转变,从仅仅测评学生的学科知识、学科技能的习得情况,转向促进学生跨学科知识运用、问题解决能力素养的发展。因此,指向学生学习的跨学科学习评价应建基于学生的学习表现,运用科学得当的评价工具,设计多种形式的评价任务,丰富评价主体对象。

在评价工具方面,基于学生表现的评分规则是跨学科学习评价的重要工具。通过设计与跨学科学习目标相一致的评分规则,使学生的学习表现变得清晰化,进而切实有效地评价学生学习表现。一旦确立了评分规则,就能对学生的表现,以及学习任务的完成度进行评价。

当然,评分规则不仅仅只归教师所用,它还能为学生的学习提供引领,教师应让学生理解评分规则,以及其对完成跨学科学习任务的积极意义,学生对照评分规则知道自己的表现情况,认清自己的优势和劣势,明确下一步的学习方向。因此,设计信效度良好的评分规则是促进学生学习的基础,也是教师获取客观真实的学生学习信息的前提,也是后续反馈的基础。

(三)课程学习评价策略

我们鼓励特色课程的老师根据本学科的特点,从改革对学生的评价方式入手,改变以往以一张试卷来检测、评价学生的方式。取而代之以关注学生的学习方式、过程和个性发展开展学生的学习评价。运用多种评价方法,充分发挥学生各自的优势和特

长,给学生更多成功的体验,增强学生的成功感和自信心。特色课程学习评价主要从以下几个方面进行操作:

1. 综合性评价策略。我们的活动课程在每学期开学的第一节课,就让教师和学生们一起商讨制定本学期学科成绩的评价方式。例如可以采取"课前准备"(10%)、"课堂表现"(20%)、"平时练习"(30%)、"学期评估"(40%)四方面综合起来,按照知识与技能、过程与方法、情感态度与价值观相统一的要求,实施综合性评价。从而激发学生的学习积极性,促进他们重视提高自身的综合素质。

在各项成绩的评定方法方面,我们设计了课前准备的评定、课堂表现的评定和学期评估的评定。

课前准备的评定主要根据课程特点和学科特性,教师可以确定不同的课前准备内容与要求,例如时政类课程可以设计在每节课的前三分钟,各个年级分别举行了"美德小故事""心理万花筒""案件聚焦""时政论坛"的演讲活动。每次按学号顺序,请两名学生上台演讲。演讲结束后,根据演讲的内容、态度和效果,由其他学生与老师一起当场评定成绩,肯定优点,指出不足,勉励改进。如有同学对自己的成绩不满足,给他一次重讲的机会。这项活动给每个学生提供了施展才华的机会。他们积极地去课外阅读、查找资料、编写故事,拓展了知识面,也为课堂教学提供了丰富的资源。

课堂表现的评定主要评价学生课堂表现,包括参与活动、合作学习、活动质量等,除了学科活动内容外,建议加入行为规范的评定内容,并给予相应的分值。以课堂发言和行为规范为例,具体操作可以包括课堂发言的评分。将学生是否积极发言、答题的正确情况及时作好记录。为了鼓励积极发言者,凡举手发言的同学,答对了加分,答错了不加分但作口头表扬。课堂行为规范的评分。由师生一起观察同学的课堂表现,参照《中学生日常行为规范》中的有关细则,对于被提醒后仍然违反课堂行为规范的同学,每违反一次,在其课堂表现 20 分里扣去 1 分。到期末,根据每名同学的加分、扣分情况,算出课堂表现实得分。

平时作业的评定则是为了及时检查学生平时学习的认知、理解、运用水平,教师对学生的作业要及时进行评价,分值和评价标准由教师根据学科内容和教学目标进行合理的制定。在评价的过程中教师可适当考虑合作学习的评价内容,并重点关注如何通过评价设计激发学生的学习兴趣和热情,如二次评价等。

学期评估的评定,教师可以根据一学期的学习内容和重点设计期末评估的形式,可以是试卷形式,也可以是作品形式。除此之外也可以允许学生开展对本课程学后的心得体会、评价、建议等。用这种形式考查学生,能比较全面地评价学生对知识掌握、运用情况,重视提高自身的综合素质。

2. "多方评价"策略。该策略是教师在教育教学活动中,能通过协调各方力量(包括其他科任老师、学生、家长及其所在居委的干部或邻居等)共同参与教育评价活动的一种策略。它可以使学生多渠道地获得不同类别人群对他的评价,从而多角度地、客观地认识自我,也可以使教师获得比较综合的信息,有利于教师比较准确地评价学生。

3. "书面评语"策略。该策略是教师在作业本上对学生进行方法指导、情感交流和评价的一种策略。它的优越性在于可以充分地体现出教师对学生的重视,特别是对于一些性格比较内向的学生尤其适用,它可以给学生提供比较大的思考空间,让学生感受到老师对他的关怀,有利于鼓起学生克服困难和改正错误的勇气,对于促进师生关系的融洽有积极的作用。

4. "加权评价"策略。该策略是教师在评价学生作业时,通过设置多项评价指标,并通过对每项指标赋值的加权方法确定学生作业等第的一种策略。这一策略比较适合于非中考类学科。例如,在美术学科里,有的教师将作业分为了技巧、态度、创新三项内容,每一项内容都有一定的分值,这样可以对学生的几个方面进行评价,突出学生的长处,也指出学生的不足,也能够通过评价让学生的目标更加明确。在运用这一策略时,应注意不能有太多太细的评价指标,否则会导致评价的繁琐和复杂,最终无法实施。所以,建议运用这类评价方法的指标不要超过 3 项。

三、活动课程评价工具

我们根据活动课程的特点与内容开展评价工具的设计,开发了活动类评价、学分制评价、积分升级评价、学期考核评价,以及学科评价表等评价工具。希望通过多样的评价工具设计能够有效检测课程的成效,激发学生的参与热情,关注学生的健康成长。

(一) 活动类评价

我们设计的活动类评价包括学科知识竞赛、传统文化知识竞赛(题库),通过专题演讲弘扬价值观,通过场景学习的研究,设定评价进行观测和评估等。

(二) 学分制评价

学分制是以学年为时间段的学生等级评分制度,它的主要目的是考核学生专业学习之外的日常学习情况,包括学生的学习态度、活动参与的积极性等。

学分评定和等级评定。评价分值建议:学分评定——出勤 10 分,完成一项作业 20 分,参与外出参观 10 分,参与各类活动 20 分,参加各类比赛 20 分。等级评定——A(130 分以上)、B(100—129 分)、C(80—99 分)、D(79 分以下)。

(三) 积分升级评价

积分升级评价是一种成就评价系统,这一评价方式将学生每一个与学习相关的事件赋予相应的分值,在该评价中,学生的点滴努力都会获得反馈和回报,并且随着分数不断积累为等级晋升上房搭梯,使每个学生都在学习中有目标、充满动力。

积分来源:每周社团或项目活动固定活动时间每出席一次 2 分;非社团或项目活动固定活动时间(休息日或平时午休时间)每出席一次 5 分;参加社团或项目活动组织的各类参观活动一次 5 分;每完成一次作业或作品 10 分;参加校级比赛:一等奖 4 分、二等奖 3 分、三等奖 1 分;被评为校级小达人 4 分;参加区级比赛:一等奖 6 分、二等奖 4 分、三等奖 2 分;参加市级比赛:一等奖 8 分、二等奖 6 分、三等奖 4 分;参加国家级比赛:一等奖 10 分、二等奖 8 分、三等奖 6 分;每学期带徒弟的 10 分一人;辅导小徒弟获奖的按徒弟获奖等级的 50% 加分。

(四) 学期考核评价

学期考核评价包括学科考核表、作品评价表、获奖情况登记表等。我们通过设计和实施"为学生全面发展而评价"全面的、完善的、重过程、重创新的考核评价机制，注意对学生学习目的、态度的评价，注意学生想象力和创造力的评价。

学期考核表。考核表的主要目的是帮助学生定期较全面地总结反思自己的阶段活动成果，包括学习态度、完成作业的数量与质量、学生之间的互助行为、现代信息技术运用能力等。（见表 5－3－1）

表 5－3－1　学期考核表

姓名	出勤	参与活动	作品上交数	个人获奖情况	是否带教	徒弟获奖情况	网上互动	举办个人画展	总分	等级评定

作品评价表主要的目的是增加学员与学员之间、学员与老师之间、学员与家长之间的互动。帮助学员养成完成作品之后进行反思的习惯。（见表 5－3－2）

表 5－3－2　学生作品评价表

班级＿＿＿＿＿　姓名＿＿＿＿＿　作品名称＿＿＿＿＿

评价内容	自己评	同学评	老师评	家长评
作品整体完成的情况				
知识技能掌握情况				
其他表现				
我的体会				

注：上表中评价项目均选填 A、B、C、D 四个等第，A 为优秀；B 为良好；C 为合格；D 为须努力。

获奖情况登记表是帮助学员统计自己的学习成果的，培养学员与学员之间合理的竞争意识。（见表 5－3－3）

表5-3-3　学生获奖记录表

成员姓名：		
时间	获奖名称	分值
总分		

(五) 学科评价表

我们的学科评价表主要是根据不同学科的特点和授课教师的育人目标进行独立设计,评价内容要明确,有清晰的水平划分,教师可以根据学生的实际情况和学习内容的变化适时调整评价的内容。以下是我们部分活动课程的评价表。(见表5-3-4—表5-3-7)

表5-3-4　生物百强课程评价表

项目	优	良	一般	个人评价	同学评价	教师评价
学习积极性	积极举手发言,积极参与讨论与交流。	能举手发言,有参与讨论与交流。	很少举手,极少参与讨论与交流。			
与同学合作意识	善于与人合作,虚心听取别人的意见。	能与人合作,能接受别人的意见。	缺乏与人合作的精神,难以听进别人的意见。			
创新性	具有创造性思维,能用不同的方法解决问题,独立思考。	能用老师提供的方法解决问题,有一定的思考能力和创造性。	思考能力弱,缺乏创造性,不能独立解决问题。			
活动成果	能充分掌握课堂内容,思路清晰地完成学习任务和探究任务,获得优良的成果。	在老师的指导下,能较好地完成学习任务或探究任务,取得一些成果。	不能很好地掌握课堂内容,无法完成学习任务或探究任务,无法取得学习成果。			

表 5-3-5　程序设计课程作品评价表

一级指标	二级指标	评价等级 A 5	B 4	C 3	D 2	E 1	合计
构思 25	1. 主题明确,作品完整,比如是一个有情节的故事,或者是一个完整的游戏等						
	2. 文字、舞台背景、角色切合作品主题内容,配合适当,清晰地表达主题						
	3. 文字、图片、声音等素材丰富						
	4. 作品有趣且吸引人						
	5. 作品运行时的操作有清晰的指导或说明						
美观 25	1. 界面布局合理,整体风格统一						
	2. 色彩搭配协调,视觉效果好						
	3. 文字颜色和大小搭配适宜,易于阅读						
	4. 舞台背景和角色美观、清晰,易查看						
	5. 作品能反映出小组一定的审美能力						
技术 25	1. 作品运行稳定,没有出现明显的差错						
	2. 脚本使用简洁,不啰嗦						
	3. 操作方便,易于控制						
	4. 选用模块合理,不同内容的呈现,以及逻辑关系合理、清晰						
	5. 作品与读者之间有交互,并且交互便利,流畅						
创新 25	1. 主题和表达形式新颖						
	2. 内容创作注重原创性						
	3. 构思巧妙、创意独特						
	4. 交互软硬件设计整合,连入传感器或其他外界设备						
	5. 作品能引人遐想,让人意犹未尽或能引起思考						
总分							

表 5-3-6　剪纸课程评价表

评价内容	评价标准	评价结果
基本技法	掌握良好的剪纸技法	☆☆☆☆
探究新知	进行剪纸特点的图案的转化	☆☆☆☆
	巧妙选择阴刻、阳刻形式	☆☆☆☆
欣赏感悟	能分享自己的作品	☆☆☆☆

表 5-3-7　篮球课程评价表

姓名	投篮得分	运球得分	传球得分	比赛得分	总分

第六章

美好课堂：用美好课堂创生美好智慧

　　课堂的美好，不仅在于教学设计的合理高效，还在于学生主体地位的充分体现。美好课堂还应该是一个自主的课堂、互动的课堂、生命的课堂。我们关注教学设计中时间的合理分配，活动的有效设计。让学生在课堂中从被动灌输、被动教育的对象，转变为主动参与、主动浸润的主人。同时还应将课堂打造成为滋养学生的生态系统，其中的"一枝一叶""一草一木"都为学生美好体验和成长服务，将美好生活的氛围、美好教育的理念全面浸润、深度渗入课堂，为后续美好课堂的打造创设基础。

课堂是教师践行美好的阵地，是学生体验美好的平台，是展示如何过美好生活的舞台。因此，教师作为课堂的设计者和经营者，应以美好生活为核心设计课堂，把课堂经营得富有美好生活的滋味，让学生从中得到美好的滋养。

美好的课堂首先是有效的课堂。有效应体现在课堂教学活动结果要与预期的教学总目标相一致，体现教学目标的达成性。师生双方为实现教育目标而投入的时间、精力及各种教育资源，教育目标得以实现，包括学生知识、技能得到增长，身心素质得以进步、成熟，个性成长、创造力获得培养，教师素质和教学能力有了提高。还体现在教学目标要与特定的社会和个人的教育需求相吻合且吻合的程度较高等方面。

课堂的美好，不仅在于教学设计的合理高效，还在于学生主体地位的充分体现。学校关注教学设计中时间的合理分配，活动的有效设计。让学生在课堂中从被动灌输、被动教育的对象，转变为主动参与、主动浸润的主人。同时还应该将课堂打造成为滋养学生的生态系统，其中的"一枝一叶""一草一木"都为学生美好体验和成长服务，将美好生活的氛围、美好教育的理念全面浸润、深度渗入课堂，为后续美好课堂的打造创设基础。因此，美好课堂还应该是一个自主的课堂、互动的课堂、生命的课堂。

我们聚焦"教学五环节"，分别从目标导向、单元教学设计、课程活动设计、师生合作方式、作业设计和教学评价六大板块，整合学校五大攻关项目中的"课堂中师生合作学习方式的实践研究"和"基于学科核心素养的单元教学设计的实践研究"两项课题研究，开展美好课堂的策略和实践研究，分别形成"跨界学习策略""习惯培养策略""情感教学策略""互动交流策略""有效提问策略"等美好课堂教学策略，不断推进课堂生态转型。

与此同时，学校也不断加强教学质量的过程管理，通过规范教学管理，坚持校本研修制度，完善教研组建设和备课组建设，加强教学基本功的训练，借助"青蓝工程"不断强化青年教师的教学能力和教学水平,营造关注课堂、钻研教学的氛围,带动学校的整体发展、教师的业务发展和学生的成长发展。

第一节　美好课堂的基本理念

课堂是学校教育的原点,也是撬动教育、推动发展的支点。"美好教育"的落地,最终还是在课堂,即"美好课堂"。

智慧的生成是知识与技能的发展,"美好"的创生,是过程和方法的体验,需要构建既"美"又"好"的课堂生态。"美"的课堂,就是让学生在课堂中感受美、体验美、享受美。感受美,即感受优美的学习环境;体验美,即体验和美的学习过程;享受美,即享受甜美的学习成果。"好"的课堂,就是教学理念"好",教师拥有先进的教学理念;拥有高效的教学行为;教学态度"好",教师拥有端正的教学态度;教学成果"好",教师拥有显著的教学成果。

一、美好课堂的基本内涵

"美好课堂"是以尊重学生个体发展,体现学生主体,满足学生发展愿望为原则、以培养具有健康向上心态与人格的学生为目标,以丰富学生学习经历、促进学生健康快乐成长为内容,通过师生合作等双边互动方式,使课堂充分体现和谐自主、互动分享、尊重生命等特质。

(一) 美好课堂是自主课堂

美好课堂首先是一个学生自主的课堂,它的基本框架结构是:学生主体,小组合作,自主参与,教师主导,双边互动。

1. 营造和谐课堂氛围。教学时，教师要善于呈现学生感兴趣的学习内容，使学生思维始终处于积极状态，自觉参与到教学活动中来，并把潜在的学好的内在动力，变为正在活动的、实实在在的需要。教师亲切热情的指导会带给学生无穷的动力。在教学过程中，教师要善于抓住学生课堂上的闪光点，对学生的学习及时反馈和正面评价，使他们看到自己的价值和成功的机会，感受到来自教师、同学间的鼓励，体味到受到表扬和成功的喜悦，以增强他们努力的后劲。

2. 加强合作学习指导。组建学习小组时，教师对学生的分组进行认真研究设计，使各个小组总体水平基本一致，以保证各小组开展公平竞争。小组建成后，明确"小组合作学习"的目标和责任分工。在"小组合作学习"过程中，各成员应有明确的合作学习目标和具体的责任分工，每人在组内有不同的角色，如组长、副组长、监督员等，并不定期的互换角色，保证每个学生的积极参与性。小组成员各司其职，各担其任，使合作学习有序又有效地进行。

积极开展小组竞赛活动，激发学生合作意识，逐步将合作意识内化为学生的学习品质。教给学生一些基本的合作技能。比如：在小组合作分工学习时，要教给学生分工的方法，根据不同成员的能力，让他们承担不同难度的任务，保证任务的顺利完成。在小组合作讨论、交流学习时，教给学生要尊重对方，理解对方，善于倾听对方的意见；碰到分歧或困难，要心平气和，学会反思，建设性地解决问题。建立长期合作小组，这是最基本的条件。只有经过长期的合作学习之后，使之感觉到我们是一个学习小组，我是这个小组的一员，才能潜移默化地真正培养学生的合作意识。

3. 给予充分自学时间。要使学生自主主动学习，就必须为学生创造自主学习的环境、机会与时间。这就要求我们老师敢于去放手，敢于把课堂还给学生，把学生推向主体地位。只有在自学的过程中，学生才能有所领悟、有所发现、有所创新，并自觉地去运用学到的学习方法和策略。自学分为课前粗学、课堂精学、课后再学三个部分，其中最精彩的是课堂精学。在课堂上，一般给予学生15分钟左右的自学时间，让学生有充分的时间去读书、去感悟、去发现、去创新。自学后，要求学生汇报自学成果，对存在的问题教师从旁点拨，问题也就迎刃而解了。

（二）美好课堂是互动课堂

互动课堂的理论基础源于合作教育论。它提倡师生之间的互相尊重和互相合作，完全排除对学习的强制手段，培养民主个性，教师在愉快的环境中有条不紊地引导学生学习，学生在获得成功的体验中快乐学习。罗杰斯教学观也主张教学应以学习者为中心，学生是学习活动的主体，他们具有内在潜能，并能够自动地发展自身的潜能，教学成败的关键不是在于教师的专业知识和教学技巧，而是人际关系，是情感态度。互动课堂要做到两个方面的内容：

1. 创设民主教学氛围。民主的前提是平等。教师要做到师生平等，应转变自己的角色。教师是学生学习的领路人，就应当放下师道尊严的架子，加强师德师风的修养，不但从地位更要从心灵上平等地对待每一个学生。学生在平等的基础上就能打开紧闭的心扉，消除原有的畏惧教师的心理。有了民主，师生间就能互动起来，而且这互动的有效性就有了可靠的保障。尊重学生的人格和品质，真正赋予学生自主学习的时间和空间，学生学习的积极性和创造性就能得到充分的发挥。

2. 设立适切的预期目标。教学过程中的师生互动是用来解决问题的，这个问题就是预期目标。有了预期目标，师生互动就不会只流于形式，它能使互动过程有序化。在此基础上的师生互动，才能产生效果。在解决问题的过程中，师生能超越预期目标，产生新的问题，对问题的理解就更加深刻、全面，更能体现师生互动的有效性。

（三）美好课堂是共享课堂

美好课堂是一个师生共享的课堂。共享课堂要求师生在课堂上积极开展共同对话，努力争取学习过程共同参与，学习智慧与成果能够共同分享。

李镇西老师曾在《共享：课堂师生关系新境界》一文中指出：今天我们提倡并需要的课堂师生关系，是"共享"关系。"共享"的过程就是"对话"的过程。这种"对话"，要求师生的心灵彼此敞开，并随时接纳对方的心灵。

"对话"是双方共同在场、互相吸引、互相包容、共同参与以至共同分享。在"共享"的课堂氛围中，学生既是学习者又是建构者。学生之间、师生之间的思想碰撞，应该是

"对话"的主旋律。在"对话"与"共享"的过程中,教师是"平等中的首席"。他在"对话"与"共享"中发挥着其他参与者(学生)所无与伦比的"精神指导"和"人格引领"作用。"共享式"体现了师生之间和学生之间动态的信息交流,真正实现了师生互动,在对话中师生互相影响、互相补充、互相促进,最终共同进步。

(四) 美好课堂是生命课堂

1. 美好课堂是尊重生命的课堂。生命课堂主要的理论依据是建构主义学习观。学习是学习者主动的建构活动,而非对知识的被动接受,教师应成为学生学习活动的促进者,在肯定学生主体地位的前提下,教师应在教学活动中发挥主导作用,指导学生自发完成自我建构。

教育家叶澜教授也指出:"要从生命的高度、用动态生成的观点看课堂教学。课堂教学应该被看作是师生人生中一段重要的生命经历,是他们生命的、有意义的构成部分,要把个体精神生命发展的主动权还给学生。"生命课堂在实践中应体现出以学生为主体的特点,学习是学生主动的建构活动,而非对知识的被动接受,教师应成为学生学习活动的促进者,在肯定学生主体地位的前提下,教师应在教学活动中发挥主导作用,指导学生自发完成自我建构。同时,生命课堂也应体现出关注师生共同经历的特点,课堂教学应该被看作是师生人生中一段重要的生命经历,是他们生命的、有意义的构成部分,要把个体精神生命发展的主动权还给学生。

2. 生命课堂充满着激情与活力。对学生我们倡导快乐学习,引进激励性评价,重视发挥学生的主体作用,培养学生热爱学习、乐于探索的精神,建立师生平等对话的课堂,让学生带着宽松愉悦的心境享受自主学习的快乐。对教师我们努力营造一种轻松愉快的工作氛围,最大限度地激发教师的潜能与工作激情。师生充满对生命课堂的向往与激情,必将使课堂充满生机与活力。

3. 生命课堂充满着智慧的动态生成。这是师生共同完成的生命历程,我们应该用变化的、动态的、生成的观点来看待课堂,这种动态的课堂不仅是"教师""学生""教材"之间信息的传递场所,更是师生知识共享、情感交流、心灵沟通的画面。学生在课堂上不同的态度、不同的水平、不同的表达方式、不同的想法,都得以真实的展现。动态的课堂面对无数的不确定性,这些不确定性具有独特的教育价值,是教学过程中不可或缺的一部分。关注学生的发散思维,捕捉学生灵感的火花,使学生的潜能得以绽放,让课堂成为师生共同创造奇迹的场所,从而使课堂在不可预约的精彩中焕发出生命的活力。

二、美好课堂的基本要素

美好课堂应遵循以学生为核心的主体性原则,以质量为目标的时效性原则,以及以健康为保证的全面性原则。通过明确的教学目标导向,多样化的教学过程,关注学生学习内驱力的激发,注重学生的体验与感受,提升课堂的参与度、融洽度,进而提高课堂的有效性。

1. 以学生为核心的主体性原则。美好课堂重视发挥学生的主体作用,强调在教学过程中通过学生的自我教育,最大限度地凸显"以学生为主体"的理念。在具体实施过程中,教师应当采用多种形式促使学生参与课堂活动,开展自我评定和学生互评,让学生在教学活动中树立主体意识、合作意识,让他们感受美好课堂所带来的乐趣,从而培养学生热爱学习、乐于探索的精神。

2. 以质量为目标的实效性原则。教学评价作为检验教学质量的一项重要标准,为追求评价的全面性、科学性,许多教育评价逐渐变得繁杂,出现了大量的评价指标和不切实际的评价内容,导致为了评价而评价,弱化了对教学质量的追求。所以,美好课堂非常注重评价的可操作性,不仅反对只为追求形式而不注重实效的"作秀式"评价,而且反对过于追求完美而不贴近学校、教师和学生实际情况的"伪评价"。

3. 以健康为保证的全面性原则。每个学生都是一个内在有被关怀需求的人,他们存在着知觉、情感、思维、性格等生命特质上的差异。美好课堂旨在促进每一名学生的身心全面发展,这是美好课堂很重要的特点,传统的分数评价虽然也能涉及每一名学生,但却不能有效地为每个学生的发展服务。美好课堂要求评价者通过合适的渠道培养学生的进取心,发挥学生的内驱力,满足学生的自尊和自我实现的心理需求,使他们在不断完善自我和发挥自身潜能的过程中发展自我。

第二节　美好课堂的操作与策略

课堂应成为师生间进行交流、对话、沟通和探究真知的互动的舞台,通过在教学中有效地激发学生的学习内驱力,增强学生对学习的兴趣和热情,增进成功的体验。课堂应成为引导学生掌握知识,培养学习兴趣和能力的教育场所;课堂不仅是传授知识的场所,更应该是探究真知的场所。让学生在课堂上真正发挥主体地位,还孩子以"既美又好的课堂",给学生学习创造宽松和谐的环境,把课堂还给学生,把实践还给学生,把发展主动权还给学生,努力培养学生的创新精神和实践能力。

一、美好课堂的实施

我们认为美好课堂是快乐的课堂,学生思维自由,课堂气氛民主,师生关系融洽,教学氛围和谐;美好课堂是智慧的课堂,师生、生生之间高效互动,学生学得主动,课堂生动,有活力;美好课堂是多元的课堂,教学方式多元,学习方式多元,学生个性发展多元。

因此,在美好课堂教学过程中,学生要做到"三明确":即目标明确,学法明确,难点明确。美好课堂教学过程中,教师也要做到"三明确":即明确教什么,教学生不会的内容,教学生学会学习。明确教的要求,教师不能就某个问题讲问题,而是引导学生举一反三、触类旁通,让学生不但知其然,而且要知其所以然;还要培养学生运用知识解决问题的能力;明确教的方式。

二、美好课堂的教学策略

为了更好地让美好课堂落地生根,使课堂真正成为师生间互动交流的舞台,我们提炼了教学目标导向策略、单元教学设计策略、课堂学习活动设计策略、师生合作学习方式策略。

(一)教学目标导向策略

目标导向是激励理论的一种,也是衡量美好课堂的重要标准,它告诉我们要达到任何一个目标必须经过目标行为,而要进入目标行为又必须先经过目标导向行为。

目标导向的基本出发点是要求教师排除走向目标的障碍,使其顺利达到目标,在此过程中,教师要给予学生满足多种多样需要的机会。

在教学实践中,我们发现如果教学任务模糊不清,学生也就无所适从,这时就需要有教师的引导,帮助他们作出更加明确的规定和安排。如果学习任务比较明确,这时如果教师不断地发布指示,说长道短,安排学习进程,就不仅浪费时间,而且会引起学生的厌烦。

1. 预学设计策略。在美好课堂目标导向研究过程中,我们一致认为教学备课和学生的有效预习是教学有效性提升的最重要环节,它能让教学有明确的目标导向和切实的自评体验,若能有效组织,那么教学质量在课堂教学前已经有了强有力的保证。

2. 导学精讲策略。人类的学习活动总是以一定的知识和经验为前提的,总是在旧知识的基础上,才能更好地理解和掌握新知识的。通过导入教学阶段的"以旧引新"或"温故知新",可以将新、旧知识联系起来,从而扫除学生在后续新知识学习阶段将要遇到的思维障碍,使学生在不知不觉中步入到新知识的学习、探索中去。

(二)单元教学设计策略

随着课改的深化,学科核心素养的提出为课堂教学带来了新的挑战。学校的美好课堂立足课程视角,以"单元教学"为基点,聚焦"学科核心素养",将课程目标贯穿于备课、上课、活动、作业、评价等各教学环节,积极探索"目标设计—活动设计—作业设计—评价设计—资源设计"的单元教学设计路径。基于不同学科的学科特点,有侧重地开展富有学科特色的单元教学设计路径研究,并形成落实学科核心素养背景下学科单元教学的方法和策略。

1. 目标设计:"问题链"教学模式策略。该策略从语文学科入手,基于学科核心素养突破单元教学目标的"问题链"教学模式策略研究,通过"问题链"教学模式,强化单元教学的学习动机,架起链接单篇和群文的桥梁,拓宽学生阅读视野,达成深度阅读;以学习构成因素波动促学生觉醒发展,从综合性、养成性、差异性方面帮助学生学习,以学习特性变化助力学生改变发展。

 案例 6‑2‑1

部编教材语文六年级第一册第四单元

语文部编教材中的单元是一个教学主题,由若干篇具有内在联系的课文组成。这些具有内在联系的若干单篇教学相互间形成一个有机的教学过程,其知识、方法、态度等内容也集合成一个统一的思考路径。六年级第一册第四单元分别由讲读课文《桥》和《穷人》、自读课文《在柏林》,以及单元活动"笔尖流出的故事"组成,按照文章体裁属于典型的小说单元。虽然三篇文章作者的国籍不同,内容差异,但是以刻画人物形象为中心,通过完整的故事情节和环境描写来反映社会生活的写作目的是一致的。因此,在安排本单元教学设计上紧紧围绕小说三要素和《语文教学指导纲要》确定了单元教学路径,运用"问题链"教学模式使师生互动合作紧凑,在问答中达成了梳理小说的主要情节,感知人物形象,品味精彩的文学语言,丰富语言积累的教学目标。

其中《桥》是一篇精读课文,选自中国作家谈歌的微型小说,以简洁生动的语言、生动具体的描写震撼人心，赞颂了老汉与儿子的精神品格，作者满怀深情地塑造了一位老党支部书记的光辉形象。这座桥梁是我们党以老支书为代表的优秀共产党员密切联系群众的"桥"，这正是课文以"桥"作题目的深刻内涵。因此根据教材特点、单元主题，以及单元主要目标，本案设计了"在速读中整体感知，在品读中感悟感动"的课堂教学，紧扣课文题目《桥》，从题目入手，以"问题链"教学模式形成环环相扣的问题导向，引导学生抓住人物的"动作、神情、语言"，体味人物内心情感，围绕"课文中的老汉是个怎样的人"细读课文，让学生在朗读中体会人物的情感，使学生受到熏陶感染，加深对老汉的理解。由此，完成单元教学计划在"课标"和"教学"之间的桥梁作用，引领教师将对课标理论的理解，"落地"到课堂教学中去，同时促进了学生主动探求的精神，培养了学生独立阅读的能力。

2. 活动设计：创设生活情境策略。该策略主张单元活动设计首先要贴近学生生活。从课堂活动探究入手，以学生为主体，从学生的自身经验和主观感受出发，以学科知识为核心，通过学生自主探究、合作讨论等活动形式将学科知识呈现出来。

 案例 6－2－2

统编《道德与法治》八年级"建设美丽中国　正视发展挑战"

从统编《道德与法治》教材内容中可以发现，教材非常注重与学生的生活实际相联系，几乎每一框题的开篇都设置有"运用你的生活经验"一栏，以学生的生活经验作为教学的逻辑出发点，展开课堂教学。以"第六课　建设美丽中国　第一框　正视发展挑战"为例，导入环节，出示最新的例子："'双11'购物狂欢过后，快递耗材垃圾已成巨大环境负担"激趣引题，触发学生对人口资源环境问题的关切。激发学生建构知识的内在动因。在具体的教学环节中，首先呈现《中国人口发展相关图表》，在学生已有知识经验的基础上,构建学习情境,采取小组讨论、交流的方式,通过生生间交流、师生间对话,让新材料、新观点、新知识进入学生头脑,通过这一过程对原有经验进行调整和改变。主要学生在共享集体思维成果的基础上深入理解人口问题的影响,认同计划生育,辩证看待人口政策的调整。通过这一环节的教学,学生全面深刻地了解我国人口现状,形成对国家政策的政治认同。

社会热点话题就是最好的教学素材,通过对社会热点事件的加工处理,使社会热点事件成为学生们思考探究的主题,就此展开讨论并发表观点。这样做,一方面能激发学生的学习热情,另一方面可以引导学生积极关注社会,培养主人翁意识,树立社会责任感,促进公共参与。

3. 活动设计:思维导图策略。思维导图作为一种图式化工具,能充分利用学生在记忆、阅读与思维方面的规律,帮助学生更好地吸收和掌握复杂的知识内容。教师在教学中,将思维导图与单元设计结合,运用线条、符号、词汇、图片、颜色,将整个单元的要点加以连接和凸显,从而形成一个完整的组织体系。这对于学生在学习过程中开发大脑潜能、发散思维、形成完整的学习体系有重要意义。

 案例 6-2-3

《英语牛津》教材 9A 第三单元

本单元结合思维导图,以"侦探"一词发散出去,以"案件事实""案件线索""调查"为第二级,从"听说读写"四个方向,再发散出去形成第三级、第四级、第五级……其中案件的细节与线索,通过思维导图,变得更有层次,逻辑更清晰,这种直观的呈现方式,能引导学生更好地从已有事实中推导出可能的结论,从而实现本单元的两个教学目标。最终,学生会对整个单元形成一个完整的学习体系。在此过程中,学生的思维能力得到极大的锻炼,这对于提升英语学科核心素养具有很大的作用。

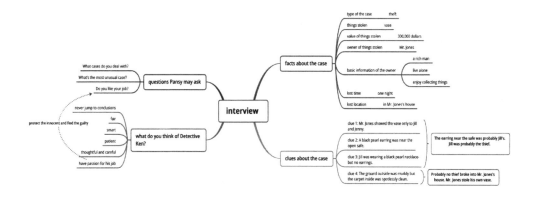

4. 作业设计：整书阅读策略。聚焦核心素养下以单元目标为导向的整本书阅读作业设计策略研究，以单元目标为导向，将单篇与整本书阅读衔接式教学，运用阶梯任务驱动下的名著阅读教学指导策略，是指在名著阅读的过程中，学生在教师的帮助下，围绕一系列共同任务，在强烈问题动机驱动下，通过积极应用阅读资源，进行自主探索和互动协作学习，在完成既定阅读任务的同时，触类旁通、举一反三，学会阅读更多同类书籍，了解写作规律，并运用这些规律进行写作。

案例 6-2-4

部编教材语文九年级第一册第六单元

语文教改的部编版新课程致力构建开放的教学体系。开放，从内容角度来看，就意味着书本世界向生活世界的回归。因此，语文教师要引导学生开展丰富多彩的语文实践活动，拓宽语文学习的内容和渠道，使孩子们在广阔的空间学语文。而整本书阅读的指导，可以培养孩子的阅读习惯，使其在阅读中提高语文素养。如果要将"整本书"阅读和教材教学牵起手来，使不在语文课程框架内的"整本书阅读"名正言顺地接受教材教学的管理和指导，同时也促进单元学习质量提升的话，必须在放手读的基础上给孩子们一定的方向，这样，布置阶段作业就不乏是个好办法了。即实行基于教材单元主题的"整本书"阅读,在每个阶段给学生布置阶段作业,以努力实现阅读效益的最大化。

以九年级第一学期第六单元为例,本单元的单元要求是通过对某些经典白话小说的精彩片段的阅读,能够把握人物形象,并探讨人物性格形成的原因,了解古代白话小说的艺术特点。基于这样的单元目标,我们选择了《儒林外史》作为九年级的"整本书阅读",在第一阶段的第一到第七章回的阅读中给学生布置了一下阶段作业:1.请大家仿照示例的读书卡片,完成一张有关《周进撞板》的读书卡片;2.范进"宗师"周进自己也曾因科举考试之事而发疯。试说说周进发疯与范进发疯的异同;3.周进为什么要看三遍范进的卷子?4.从小说中找找理由:范进真的有"举世之才"吗?让学生带着这样的问题,在阅读的基础上通过分析人物的语言、肖像、行为等,概括人物的性格特征,通过搜集资料、筛选材料、整理整合、撰写成文等,提升语文素养。

5. 评价设计:多元化单元评价策略。该策略旨在将多元评价方式代替传统的单一评价方式,并在促进学生全面发展中发挥着积极而有效的作用。教学中要从多个角度组织学生进行自评和互评,对待学生的学习不应只看他有没有掌握,更要看他在这个学习过程中所付出的努力、学习的态度、所用的方法、持之以恒的耐心,甚至是永不言败的勇气。

 案例 6-2-5

九年级物理学科"压强"

沪教版初三上学期"压强",知识较抽象,学生感性经验少,所以应加强实验,如探究压力的作用效果、探究液体的压强、了解大气压强,让学生在自我探究过程中培养创造性思维的能力,激发学生的探究意识,引领学生以积极的心态参与研究性学习,使学生尽可能多地获得更多的感性知识,培养学生的抽象思维能力,综合应用知识分析解决问题的能力,从而提高学生核心素养。

　　以探究压力的作用效果为例,应采用教师现场及时点评和表扬评价,学生自评和互评的多元评价方式。学生实验时,询问怎么知道压力的作用效果?如何研究压力的作用效果与其中某个因素的关系的?(强调控制变量)肯定学生在实验中完成得比较好的地方,激发学生的动手欲望。评价主体:教师和学生。实验后,请学生汇报实验结论,教师点评、学生互评。强调压力与重力的区别,结论中不可出现重力。评价内容:(1)实验效果是否明显、学生对科学探究活动是否充满兴趣;是否每个学生都积极参与;(2)学生分工是否明确、有无实验数据记录且结论正确;(3)在实验过程中有无新的发现或想法,激发学生的求知欲和好奇心。

　　6. 资源设计:新媒体资源"立体化"教学策略。该策略旨在将新媒体技术资源与单元设计有机结合,可以避免知识点的碎片化学习所带来的狭隘性,同时又能很有效地激起学生的学习兴趣,以及提升学生的学科核心素养。

 案例 6-2-6

八年级物理学科"声现象"单元

　　通过单元设计,运用现代化媒体技术,形象地演示重点实验,让学生认真观看实验的步骤,捕捉到实验的现象,不断地总结和完善结论,能够逐步形成知识链条,加深学生对实验的理解,强化记忆,根据所学,灵活地运用,从而实现学生物理素养的培养。比如在进行"声音的产生和传播"的课堂教学中,如果引入新媒体技术(如虚拟实验室)进行学生实验,以实时输入的方式将声波的传播形象地播放出来,通过观察直观认识声音如何传播,可以让每个学生都能投入到学习中,在这样的氛围下,会很好地激发学生的探究热情,让学生能够去总结认识声波如何传播,最后形成结构图,并为下一步的学习做好铺垫。

总的来说,只有抓住物理教学的特征,把其优势发挥出来,学生的学科核心素养才能得到真正的提高。作为一线物理教师要认真分析教学过程,给予学生更多的思考和探究的空间,以及科学求实的态度,让学生身心愉悦地参与物理实验,实现从现象、过程到结论的有机统一,促使学生形成良好的物理核心素养。

7. 资源设计:时政资源运用策略。该策略重点解决教师如何结合学生所处时代背景和当前政治、经济、文化等时事现状对学生进行教育教学。在课堂内外科学运用时政资源帮助学生加深对理论知识点的认识,培养学生分析问题解决问题的能力,是落实立德树人根本任务的重要路径,对于学生核心素养的培育发挥着不可替代的作用。

 案例 6-2-7

九年级《道德与法治》第二单元

九年级第二单元"世界舞台上的中国",需要深刻领会中国发展与世界发展之间的关系,中国的发展离不开世界,世界的发展离不开中国,中国的发展终将为世界发展带来多方面的积极影响。为了更好地达到本单元教学目标,同时促进学生学科核心素养养成,我们继续通过加强对相关时政资源的运用分析来完成教学。时政资源主要以"一带一路"、亚投行、G20峰会、深化改革开放、实现"两个一百年奋斗目标"以及当下全球抗疫为教学背景,体会中国书写构建人类命运共同体宏伟篇章,在世界发展及全球抗疫中展示大国担当,走上世界舞台。通过对相关时政资源的收集整理、讨论分析,认识到随着全球一体化程度不断加深,中国为国际社会各种困难危机的化解贡献了"中国方案""中国智慧"。促进学生树立全球观念和人类命运共同体意识,这对学生"三观"养成和综合运用分析能力提升都有益处。

(三) 师生合作方式策略

心理学家罗杰斯认为,人的认知活动总是伴随着一定的情感因素,当情感因素受到压抑甚至抹杀时,人的自我创造潜能也就得不到发展和实现,而只有用真实的,对个人的尊重和理解学生内心世界的态度,才能激发起学生的学习热情,增强他们的自信心。所以培养和激发学生的学习动机,首要的就是教师要更新教育观念,转变角色,采取多种形式,增进师生间的情感交流,采用生动形象适合学生心理发展水平和个性特征的教育方式,建立和谐共进的师生关系,激发学生高水平的求知欲。

1. 互动交流策略。该策略注重教师与学生进行平等的交流,教师与学生共同合作来进行教学。与传统教学方式不同的是,互动教学将学生不再放在被动的听课位置,而变成了教师一样的教学主导地位。教师引导学生进行学习,鼓励学生进行主动学习,学生通过与教师的交流来解决学习中的疑难问题,通过这样良好的互动,营造和谐友好的学习氛围,帮助教师开展教学,促进学生主动学习,培养学生的学习主动性和积极性,从而提高教学质量。

 案例 6-2-8

数学学科在课堂上开展有效的师生互动交流的途径与方法

我们认为,在教师正确的引导下,学生的思维也会处于清晰活跃的状态,能够很大程度地提升学生学习的效率。在教师与学生的交流中,不仅可以进行知识的交流,还可以传授情感和经验,让学生与教师处于平等地位,进行分享互相学习,减少学生对教师的畏惧和抵触心理。同时教师能在交流过程中增加对学生掌握知识的程度,然后对教学方案进行适时调整。因此可以通过搭建师生交流的平台,促进师生交流互动。

例如,在学习 19.2(7)时,例题:"求证:不等边三角形一边的两端到这边的中线所在直线的距离相等。"对用普通语言叙述的结合命题进行证明,是推理证明教学中的一个难点,其中涉及普通语言、图形语言、符号语言这三种数学语言的转译,对命题证明全过程的把握。但是,这一内容的教学对提高学生的数学语言运用能力、逻辑表达能力有重要的作用,也有助于学生加深对论证几何的理解和数学表达模式的体验。因此,开展合作教学很有必要,首先让学生借助阅读,理解题意,根据题意画出符合条件的图形,然后交流题中所包含的条件,写出已知求证,教师适当加以引导,突出不同数学语言之间的联系和转译,强调表达的规范,重视学生对全过程的体验。然后由学生完成证明过程,证明的方法可以从全等三角形性质证明线段相等。也可以进一步引导思考,三角形的中线将三角形分割成的两个小三角形有何关系,利用面积的角度来证明线段相等,开阔学生的思路。最后在完成证明过程后,让学生思考,为什么是不等边的三角形,如果是等腰三角形,会反生什么情况? 通过不断引导、提问,使学生也不断思考、思索,从而提高学生的数学思维能力和数学素养。

其次,通过进行小组合作,学生之间团结协作,进行知识的学习和理解,不同成员间相互帮助,增强沟通,教师在旁进行适当指导,帮助学生更好地理解知识,通过这种方式让学生直接参与知识的学习,提升学习效率和学习主动性。

例如,在一元二次方程的教学中,在讲解完成后的巩固训练中,教师可以将学生分为多个小组,教师在黑板上写出方程问题,并让每一组学生通过讨论、计算等方式尽快解答,并交流解题方法,感悟如何根据题目选择较为合理的解题方法。通过这样的互动方式增强学生之间的竞争性与协同性,建立和谐友好的同学关系,提高学生的主观能动性和自学能力。

第三,可以开展学生之间的评价交流,进行互相评价交流,将知识更加系统化的梳理一遍,并拓展更多的知识,还可以指出某同学的优点或不足,大家互相学习、互相进步,享受到成功的愉悦,并不松懈更加努力。同时可以开展教师与学生之间的评价交流,教师对学生的知识进行延展,帮助学生拓宽思维,并指出学生学习中存在的问题,更好地帮助学生进步,学生就教师的教学进行评价,并提出自己的建议帮助教师更好地把握学生的想法并做出改变,双方共同进步。

2. 有效提问策略。有效提问是指在课堂教学中教师根据教学的重点、难点,准确地提出问题,并注意引发学生质疑问难,培养学生自主提问的能力和习惯,唤醒、激励和鼓舞学生自觉地投入学习,使学生在问中思考,在问中成长。

案例 6-2-9

数学学科有效提问培养学生自主学习、主动探索的尝试

数学课往往越到高年级,课堂的活跃度越低,学生不愿回答,不愿表达自己的想法。这个问题虽然我很早就关注,然而解决的方式却单调无效:只是多提问,让学生多回答。看似课堂确实热闹起来,但是这样的回答却没有任何的质量。数学课堂的参与到底需要学生哪种形式的参与? 就是这个问题引起了课堂中参与形式的革命。

我认为课堂需要学生多感官的参与,眼、耳、口、脑缺一不可,而这种多感官的参与需要教师的调动! 这种调动包括教师有质量的提问、生动的语言、优雅的动作、恰当的眼神,适时的总结。学生接受到这些不同方式输入的信息后,自然而然会配合输出教师想要的学习状态。例如教师的提问要能够给学生留白,要能够启发学生的思维,不提问"对不对,是不是"这些伪问题,多提问能引起学生思考的真问题。再如要给学生时间总结归纳,不要急于给出结论。

现在我的课堂最大的转变就是给足时间,让学生尝试用文字语言概括概念,例如勾股定理及勾股定理的逆定理就是锻炼学生概括能力、表达能力的好机会:勾股定理中直角边的平方和等于斜边的平方是学生对数学式子的准确认识;勾股定理逆定理中三角形两边的平方和等于第三边的平方是对逆定理的充分理解;而这样的机会在数学课中比比皆是。我们都殷切希望学生主动参与教学过程,孰不知学生的主动源于教师的主导。我的课堂提倡让学生在参与中大胆说、敢于说、愿意说,教师也就能抓住学生的薄弱之处、对症下药。这种师生合作、学生参与形式的转变,促进了学生学习效果的提高。

3. 善选课型策略。该策略要求根据教学对象、自身特点、教学内容和教学任务不同选择相应的课型。

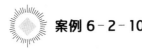

案例 6-2-10

语文学科的三种课型的选择

（1）讨论课型。这种课型是在系列问题导引下,充分发挥教师的主导作用、学生的主体作用,以生生、师生的讨论为主要教学推进手段的教学方式。旨在培养学生自主学习的能力和创新思维的品质,使学生在自读准备和讨论(议论、辩论)的活动中,养成一种与他人合作读书的习惯,使学生不仅敢于补充、修正别人的意见,善于发现别人的长处,同时又敢于发表自己的不同见解。它可提高学生学习的主动性、创造性,增强学生口头表达能力、应变能力、创新精神等。

要求教师准备好有意义的讨论话题。教师要多引发学生热烈争论、深入思考。让学生主动拿着书争论,援引资料证明自己的观点。

该课型可以分为四个基本步骤。第一步:阅读课文,提出问题。在学生熟读课文的基础上,由教师提出讨论的问题。教师事前要精心设计讨论题目。问题要有讨论的价值,通过讨论,使学生理解课文,实现教学目标。问题要难易适度,要让学生感兴趣,能让学生讨论得起来。第二步:圈点课文,准备讨论。以读书为主要准备活动。学生围绕讨论题目自读、圈画、批注或写简要心得体会,准备讨论发言。第三步:依据课文,展开讨论。按要求根据中心议题展开讨论。要营造热烈的讨论氛围,教师相机诱导,启动思维,拓宽思路,将讨论引向深入,并且维护学生思维的"闪光点",鼓励创新精神。第四步:再读课文,小结讨论。小结的目的在于明确认识,明确结果。

（2）质疑课型。这种课型着力于培养学生自己发现问题、提出问题、解决问题的能力和喜欢读书生疑、会发现问题并且敢提问、会提问的品质。要将"质疑"引入课堂,教师首先要更新观念,还学生提问的权利,并引导学生大胆质疑、积极探索。对个别学困生,教师应多鼓励,消除学生的畏惧心理,激发他们质疑的热情,并用多种不同方法引导质疑,从而形成宽松、活跃的质疑氛围。

该课型可以分为三个基本步骤。第一步:初读课文,发现问题。学生自己读书,发现疑难问题或自己想知道的问题,标上记号或注脚。第二步:再读课文,提出问题。由学生提出问题,教师帮助学生使问题更明确,肯定最佳问题或归纳出问题的几个方面。学生所提的问题是否有价值,直接影响这类课的质量与成功。学生所提的问题一般有这些特点:简单、广杂、零碎,或是离奇古怪,抓不到重点。教师要教给学生的提问方法,如从课题切入提问、从关键词切入提问、从难句切入提问等。对于学生提的比较简单的问题,老师可训练学生在多读课文中自己解决疑点。对于广杂、零碎的问题可教给学生梳理方法,训练他们逐步形成提问的能力。对于本课要解决的重点问题,教师可板书,并引导学生分析解决这类问题。第三步:熟读课文,分析、解决问题。带着提出的问题,通过阅读,进行分析,组织讨论。在教师的引导下,学生在读书中找答案,在讨论中求答案,培养学生独立分析问题、解决问题的能力。

(3)表演课型。这种课型是一种集语言感悟、理解、表达等多种语文能力综合运用的再创造活动。把语文学习与表演结合起来,适合语文的开放性教学。特别是一些故事性很强的课文,设计一个表演性的课堂环境,往往能收到意想不到的效果。通过表演,学懂课文,体会课文中人物的情感,化文字为具体的形象。既感悟课文,又培养创造能力。通过表演,理解课文内容,进行语言训练,培养创造能力和语言表达能力。

该课型可以分为三个基本步骤。第一步:阅读课文,感知内容。鼓励学生自主读书,把书读活,读出形象来。在读中找戏,变静态为动态,为表演打下基础。第二步:根据课文,设计表演。启发学生在课文中找戏,将静态的符号语言转化为动态的情境语言。一篇课文,有人物,有故事,有情节,甚至有对话,则可以短时酝酿,分角色、论台词、议细节,改变文体,设计表演。我曾经鼓励学生将《石壕吏》《愚公移山》改编成白话文,从不同的角度设想出不同的角色。第三步:小组排练,进行表演。

(四) 学法指导策略

教学方法包括教师的教法和学生的学法两方面,这两方面的作用都很重要,但许多教师往往只重视教法的研究而忽视对学法的研究和指导。要想构建美好课堂就必须提高课堂的有效性,培养学生浓厚的学习兴趣和良好的学习习惯,教师不仅要重视自己的教法,而且必须重视并加强对学生的学法指导。

我们认为学习方法的指导可以使得学生有方法地开展自评并促进其主动学习,构建自己的有效学习策略。它可以包含以下四种策略:

1. 针对性策略。教师必须经常调查了解学生的学习状况,特别要对学生的学习习惯和运用的学习方法有所了解。在日常教学中教师要针对课堂教学的全过程进行"美好学习"指导,要针对不同的课型特点进行学法指导,特别要针对学生的个性特征和学习情况确立指导层次,采取不同方法分类指导。

2. 自主性策略。教师要指导学生优化学习方法,发挥其在学习中的主体性、能动性和独立性。要贯彻自主性原则,就要从提高认识,激发兴趣入手。学生是学习的主体,学生的主观能动性是学生的内部因素,要使学生学得得法、省力、高效,就必须注意发挥学生的主观能动性。一般来说,学生学习的主动性、积极性愈大,求知欲、自信心、刻苦性、探索性愈大,学习效果也愈好。学生的学习主动性、积极性发挥得怎样,直接影响并最终决定着他个人的学习效果。因此,"美好学习"指导应重视贯彻自主性原则。

3. 系统性策略。教师要引导学生将所学的知识在头脑中形成一定的体系,成为他们知识总体中的有机组成部分,这样才有助于将知识转化为能力。教师一要引导学生把学习的知识条件化,让学生将知识与该知识应用的条件结合起来,形成条件化知识。二要引导学生把学习的知识结构化,当知识以一种层次网络的方式进行排列时,就可以大大提高知识的检查效率。三要引导学生把掌握的知识熟练化,熟练化的知识能在问题解决的过程中有效地与其他知识发生联系,结合起来促成眼前问题的解决。这样就能使学生掌握的知识系统化,其有助于学生发现问题、提出问题、分析问题、解决问题。

4. 实用性策略。"美好学习"的学法指导要力求准确、恰当、具体、实用,便于操作。其目的是用较少的时间学有所得、学有所成,改正不良方法,养成良好的学习习惯。所以,应以常规的方法为重点,指导时多讲怎么做,少讲为什么,力求理论阐述深入浅出,通俗易懂,可读性强,易于接受,便于操作。

在学法指导的内容方面我们认为可以包含制订学习计划的方法,即确定学习目标、分配学习时间、选择学习方法。常规学习方法,即预习、听课、复习、作业、小结方法。学科学习方法,即以各科教师特点为内容的学习方法。

同样,开展学法指导,我们还要遵循自主性、针对性、操作性、差异性和巩固性的原则,不强制灌输,而重在引导点拨;不主观臆想,掌握学情,有的放矢;不繁琐、笼统、抽象,操作方法具体明确;不搞"一刀切",区分对象分类指导;不一蹴而就,立足反复强化,长期训练。我们认为开展学法指导可以有以下四个方法:

首先是预习自评法。教师要指导学生正确使用教材开展预习自评。让学生进行课前预习,熟悉课文的大体内容,寻找疑点、难点,带着问题听讲,听起课来容易抓住重点,对解决疑难问题有好处。在学生预习的基础上进行讲课,可以节约教学时间,提高学习效率。

其次是课堂学习法。课堂教学是教学的基本组织形式,所以教师要指导学生做到有备无患。要上好一堂课,学生需要从两个方面做准备:物件与心理。物件准备包括教科书、笔记本、练习本及其他与学科有关学习用具的准备。心理准备是要求学生抓住课前几分钟的预备时间,想一想前一次课讲的内容。

教师要引导学生做好课堂笔记。课堂笔记是学生开展自我评价的常用有效方式。在课堂学习中,教师应指导学生如何记课堂笔记。上课做笔记要有所选择,不是有言必记,而是记重点、规律、疑难问题、教师补充的内容和师生要讨论的问题。也要记容易写错、算错、记错的细节,这样才有助于提高学习效率。做笔记时,要学会手脑并用,一边记,一边思索教师所讲的系统性、条理性,不断分析归纳。这样有利于学生智力的发展,也培养做笔记的能力。

第三是探究学习法。探究性学习对于培养学生的创新精神和实践能力极为重要,因此,教师要善于指导学生掌握和运用研究性学习。研究性学习是学生在教师的指导下,从自然、社会和生活中选择并确定课题进行研究,通过独立的探索,主动获取知识、应用知识、解决问题的学习活动。教师在对学生进行探究性学习指导时要注意以下几点:

第一要指导学生正确选定研究课题。探究性学习课题的选择,要贯彻"小"的原则,选题要小,切实可行,通过自身努力能够完成。

第二要帮助学生学会搜集、分析和利用信息。在研究性学习过程中,教师要帮助学生学会利用多种有效手段(如访谈、上网、查阅书刊、问卷等)获取信息,学会整理与归纳信息,并恰当地利用信息,以培养学生搜集、分析和利用信息的能力。

第三是合作学习法。教师要引导学生学会合作,合作交流可以通过学生间的互评提升学生学习的能力。教师要引导和组织学生开展学习合作,让学生在合作中交往、研究、集思广益,在探索、挫折、成功的交织中获得真切的体验,以促进学习方法的掌握。

三、美好课堂的教师语言修炼

苏霍姆林斯基指出:"教育的艺术首先包括谈话的艺术。"在美好课堂的实践中我们认为教师的语言有着举足轻重的地位,教学效果很大程度上取决于教师如何运用他的语言表达能力,这就给教师的语言修养提出了很高的要求。

1. 教师评价语言应文明健康。教师的语言修养是其为人师表的重要因素,会对学生的道德品质培养和审美修养产生极大影响。苏霍姆林斯基指出:"对语言美的敏感性,是促使孩子精神世界高尚的一股巨大力量。这种敏感性,是人类文明的一个源泉所在。"因此,要评价学生的行为,教师就要以文明健康的语言去触动学生心弦,给学生以美的享受,使其形成纯洁、文明、健康的心灵世界。

2. 教师评价语言应准确鲜明。准确、鲜明的语言才会具有感染力和吸引力,才能够像春雨一样流入学生的心田。无论是表扬还是批评,泛泛而谈犹如空谈,毫无作用可言,只有准确的点评,鲜明的指引,才能让学生明了自己该如何行动。

3. 教师的评价语言应热情亲切。美好课堂里的语言应有一种感人的力量,它的真正的美离不开言辞的热情亲切且富于激励性。因此,教师一定要努力使自己"情动于中而言溢于表",从而打动学生的心,使学生产生强烈的共鸣。

4. 教师的评价语言应幽默启智。幽默的语言能够吸引学生、富于启发性的语言能够启迪智慧。教师如果评价言语丰富,措辞优美,含蓄幽默,富有魅力,让学生置身于语言美的环境和氛围之中,学生就会心情愉快,兴味盎然,思维敏捷,从而受到良好的教育,达到较好的教学效果。

5. 教师评价语言应富有时代性。教师的评价语言离不开时代,过于陈旧的语言会让初中学生感觉离自己生活太远,无法产生共鸣。所以老师们应经常关注现今社会的热点和潮流,了解学生的习惯用语,一些学生常用的外语词汇,网络语言词汇同样可以成为评价语言的一部分。

四、美好课堂作业设计的方法与规范

作业时检测目标达成度的重要依据,美好课堂的作业设计,我们认为首先应立足学科特点,以课程标准为基础,结合教材,以学生得到发展为根本出发点,体现个性,提高学生学习成绩,帮助学生实现个体的发展。同时还要准确把握学情,厘清学生对本节课的目标所达到的程度,把握作业的训练强度和作业的难易程度;帮助学生巩固课堂上所学知识、提高应用能力。使习题能起到举一反三、触类旁通、由此及彼的作用。老师在设计作业前要钻研教材,研究练习册,从中精选习题,体现针对性和实效性;凡要求学生做的作业教师必须先做,凡是学生做的作业教师必须批改,凡是学生做错的作业必须要求学生订正,凡是学生订正的作业教师必须二次批改。

除此之外,作业的设计还应该遵循针对性原则,即针对课程标准、教学目标、学生实际,关注教学重点、难点、学生易错点。考虑学生的知识储备、学习能力,为学生"量身打造",使作业既有用,又有效,还有趣,调动每一名学生学习的积极性。

层次性原则,即面向全体,因材施教。充分考虑每个学生的差异,作业设计要注意梯度,对不同学生提出不同的要求,多层次、有弹性。务求每一位学生得到训练,都有收获。

适度性原则,即学生的作业不在于多,而在于精,在于有效。不是用大面积来覆盖知识点,用大容量来培养能力。因此我们提出内容适切、难度适当、数量适度。

最近性原则,即作业设计时要遵循"最近发展区理论"确定难度,知识迁移的途径进行设计,难度的过大过小都不利于学生在作业中的收获。让每个学生在适合自己的作业中取得成功,从而体验经过刻苦努力的作业带来的愉悦,进一步激发学习的兴趣。

基于以上原则与要求,我们制定了符合学校特色和学生特点的学科作业布置与批改要求。

(一) 语文学科作业布置与批改的要求

语文学科的作业的类别包括练习本、默写本、作文本以及美文摘抄或随笔。语文学科作业布置与批改的原则是课外作业是课堂教学的延伸、巩固和检测,必须与课堂教学密切结合;所有的作业应有整体和局部相配合的计划,应根据单元教学的重点、难点,在范围、题型、数量上力求合理、有效;数种作业之间要有主次,批改要有详略,批、对、查要有区分,视具体情况有针对性地进行评讲。

针对以上内容和原则,语文学科作业布置与批改的具体操作包含以下几个方面:首先是必批作业。必批作业以抄写课文词语、注释和完成课后练习为主的作业。要求学生每次作业,写明"课题";左侧离边 0.5～1 厘米之间画一竖线,贯穿自首行至末行,备写练习序号;抄写词语应间隔适宜;作业力求内容正确,书写整洁;及时订正错题错字。要求教师批改时须查看内容是否正确,格式是否规范,书写是否整洁,然后批写等级,如"优、良、中、差",或"认真""尚认真""不认真",或"A、B、C、D"等,评价要体现激励性并写明批改日期。作业批改,应强调其针对性,注重其有效性,督促学生及时订正。教师应及时批改、订正作业。

其次是作文。作文要求每学期至少完成六篇。对于学生,我们要求每次作文应写清题目,文章应有分段,书写格式(包括标点位置)正确,及时订正上次作文中的错别字。对于教师,我们要求每次作文全部批改,每次详批其中 1/3 以上;批改时应用横线画出病句和表达不当的句子;用连圈或着重点标出佳句;用圈标出错别字,并在左边空栏内相应位置画出缺口方框,让学生订正用;在学生作文后空一行开始写评语。评语可从内容(中心和材料)和表达(条理和语言)两方面来评判,力求中肯切实,力避浮泛和空洞,并标明批改日期。另外,在学生作文题目的左边写出评分,并批改学生的订正。

第三,指导作业。要求美文摘抄或随笔各年级可选择一种让学生定时完成,教师作适当检查。

第四,课外阅读。为扩大阅读面,提高学生阅读理解水平,各年级备课组应在每一学期初或寒、暑假开始前提出课外阅读书目,在某一阶段结束后了解和检查阅读情况,可采用"小报""读后感"等形式及时总结。

(二) 数学学科作业布置与批改的要求

数学作业布置要求包括作业量要适中,难易要适度,每天的作业量应控制在30分钟以内。同一备课组作业要在基本统一的原则上,根据各班的实际情况略有差异;提倡根据学生的实际有针对性、分层布置作业,特别要关注学习困难学生,设计有利于他们完成的作业;作业是教学过程的一个重要环节,因此,布置作业是课堂教学的一部分,应在当堂课中完成作业布置。

学生作业书写要求包括养成先复习后作业的习惯。作业要独立思考,按时完成,严禁抄袭他人作业;按照封面上规定的内容进行填写,不在作业本封面上乱写乱画;代数作业每页一折为二,用红笔画好边线,每页应有三条边线;几何每页一条边线画在左边三分之一处,边线左边画图形,右边抄题目、解答或证明;作业书写一律用蓝、黑色墨水的钢笔、水笔或圆珠笔书写,作图用铅笔。字迹书写端正、不潦草,作图要规范,解题思路要清晰,步骤要完整,格式要合理;两次作业之间至少空两行,每次作业的首行写上"日期""练习×"和"P××"以注明作业的出处,大题号一律写在竖线内,做作业时,每两小题之间都要空一行;及时独立完成作业的订正。错题订正应放在当天作业的前面,并写明"订正",不得在原来答题处修改。订正要求与完成作业要求一致。

教师批改作业要求包括所有布置的书面作业,均应由老师逐一用红笔认真批阅,不出现错批、漏批;所有的学生作业原则上均应当天批阅完毕,不出现有拖拉和累积现象;要养成书写批改记录的习惯,对学生交作业和完成作业情况进行统计;作业批阅一律采用"等第 + 评语 + 日期"的办法进行,等第分 A、B、C、D 四等,建议有计划地对全班学生的作业轮流作评语,提倡使用激励性评价语言和赏识性符号;学生作业中的错处,均要求学生及时订正。对于学生订正的作业,教师同样要进行逐一批改,并注明批改日期;根据不同的作业内容和不同学生的需求采用不同形式的批改方式,增强作业批改的针对性和实效性,对学习困难学生的作业提倡面批。

(三) 英语学科作业布置与批改的要求

首先是英语习题本。习题本可以用来练习所学的句子和单词,或是语法要求的相配的小练习。句子是语言表达的基本单位,句子的结构与类型包含着一定的语法规则和思想内容。句型可以说是语法的克星,学生不断地识记各种句子成分、接触各种句型,其语法概念就会日渐清楚,语言表达能力也会逐步提高。学生可以收集课文里出现的典型的或有用的句子,也可以从相关练习册和其他资料,如英文报纸、杂志、词典或语法书中摘录有用的内容。

其次是练习册。练习册是主要用来练习阅读的,里面与课文相匹配的练习可以选做,好的练习也可以抄在习题本上做。每种语言都有很多词汇,一个词往往具有多种词汇意义,但只有当它出现在句子中的时候,这个词才具有特定的词汇意义,并起到特定的句法作用。同样,一个句子虽然也有结构意义并能表达一个相对完整的意思,但只有把句子用到篇章中去,它才能在具体交际场合和上下文中体现出其交际功能。通过阅读文章,学生不仅可以学习语言形式,提高听、说、读、写的能力,而且能获得信息、积累知识、训练思维和陶冶情操,因此,一本配套的练习册是必不可少的。通过练习册的使用,检查学生的所学,也可起到一个训练的作用。

第三,听写本语言是要使用的,在使用的同时,有很多东西是要记忆的,所以一本听写本也是必须的。教师每天可以用听写本检查学生在家里是否完成了应该记忆的内容,通过批改听写的内容,了解学生的所学,督促学生努力学习。作业要求包括作业要用钢笔或水笔书写,字母连写要符合规范,并写在三线簿上;每课的作业要写课题和日期,作业与本子的边缘要空有一厘米的空白,以便订正等;错题要及时订正,教师要督促、检查,及时批改。对于普遍性的问题,要及时讲评和个别辅导。有条件要面批作业、练习和测试卷。对于学习困难学生要尽量做到100%面批,尽最大努力提高辅导的时效性。

(四) 理化生学科作业布置与批改的要求

化学作业基本要求包括作业认真,独立思考,不抄袭、不拖拉,全班作业均在上午第一节课前交齐;书写工整,确保作业本的整洁;方程式的书写要完整,写全反应条件、配平、气体和沉淀符号;实验题中,设计实验方案时尽量写全实验步骤、方法、现象和结论;文字题的表述要完整、严谨、规范。

物理作业基本要求包括独立完成作业,不允许抄袭。字迹要端正,不写错别字,注意卷面整洁;作图题用直尺、铅笔等作图,要标上所用物理量;计算题要按照已知、求、解、答的步骤一步一步解题,解题中的数据需写上单位,步骤要清晰,过程要完整;订正要及时。

科学作业基本要求包括作业要独立完成;字迹端正,书写规范,连线题用尺划;订正要及时。

(五) 政史地学科作业布置与批改的要求

政史地作业布置采取统一要求。作业布置要求包括以完成教材配套练习册、地图册为主,另外布置一些预习、复习、查找资料、找名人名言、找故事等,课余小作业,力争形式多样,内容丰富,调动学生的学习积极性、主动性;作业按周课时布置1至2次,每次控制在15分钟左右;作业数量适宜,难易适当。符合学生的实际,体现有分层内容。通过作业起到巩固、生成作用。

作业格式要求包括学生统一使用蓝/黑钢笔或圆珠笔完成作业,不得使用其他颜色笔或铅笔（除地图册外）；作业完成要按时、认真，保质保量；要求学生字迹清楚，工整；错误要及时订正，不懂问同学、问老师。

作业批改要求包括作业批改要及时、认真，逐题批改。批改记号要清晰；批好后用优、良、合格、不合格等级给分，要有批改日期，订正或补充等字样；发现问题普遍或严重时，要及时讲解，书写批语，甚至个别辅导面批。对学生订正后的作业要及时补批。

五、美好课堂教学评价建议

美好课堂的教学评价是以"绿色指标"理念为指导，以学生为评价对象，以促进学生全面、和谐、个性发展为目的的评价理念及评价方法的总和。

美好课堂的教学评价要求教师公开公正地观察全体学生的学习过程，共同合作解释资料、制定标准、描述进展、收集结果、记录反思和表现，鲜明地发现学生的优点、温和地帮助学生建构学习及自身发展的过程。

（一）美好课堂评价的特点

美好课堂的教学评价应具有生命性、激励性、公开性、发展性等特点。

1. 生命性。每个学生都是一个有被关怀需求的内在的人，他们存在着知觉、情感、思维、性格等生命特质上的差异，教师对学生的评价不应是无情的数据和生硬的判断，而是应当通过师生、生生之间教育活动和对话，让学生学会悦纳自我、接纳他人。

2. 激励性。美好课堂评价倡导评价者对学生的激励性评价，无论是表扬还是批评，都要设法激励学生在原有基础上不断进步。按照最近发展区理论，只要对学生提出合乎他现有水平的要求，经过学生的努力，目标是可以达到的。

3. 公开性。公开性是美好课堂评价的主要特点之一。具体地说，美好课堂评价的公开性主要表现在评价目标、评价内容和评价过程的透明性上。教师在设计评价活动时，应让学生在行动前明确活动的目标和内容，因为目标和内容的事先公开，对于学习或其他活动的开展有很好的指向作用。而评价过程的公开性更体现出对每个学生的公平和公正。

4. 发展性。美好课堂评价旨在促进每一个学生的发展,这是美好课堂评价很重要的特点,传统的依据考试分数评价虽然也能涉及每一个学生,但却不能有效地为每个学生的发展服务,相反地,有时还会阻碍学生的发展。美好课堂评价要求评价者通过合适的渠道培养学生的进取心,发挥学生的内驱力,满足学生的自尊和自我实现的心理需要,使学生在不断地完善自己和将自身的潜能发挥出来的过程中发展自我。

(二)美好课堂评价的实施原则

1. 主体性原则。美好课堂评价重视发挥学生的主体作用,强调通过学生的自我教育,最大限度地表现出其自为性、自主性和能动性。具体在实施评价的过程中,评价者应当采用各种形式促使学生参与评价活动,开展自我评定和学生互评,让学生在评定中树立主体意识、合作意识,让他们感受到评价所带来的乐趣,从而培养学生热爱学习、乐于探索的精神。

2. 选择性原则。美好课堂评价坚持以学生的发展为本,以发展学生的个性特长,促进学生的可持续发展。让每个学生都拥有属于自己的色彩,属于自己的特长。

3. 实效性原则。美好课堂评价非常注重评价的可操作性,不仅反对只为追求形式而不注重实效的"作秀式"评价,而且反对过于追求完美而不贴近学校、教师和学生实际情况的"伪评价"。比如,政治学科相对于语文、数学、英语等重要学科而言,往往不受学生重视。但是教师通过选用学期成绩综合评价法,使学生充分认识到政治学科的重要性,产生较理想的评价效果。

第三节 美好课堂的管理与评价

在一所学校中,教学的正常运转必须依赖规范的管理和科学的制度,这是对教学过程各要素加以统筹,使之有序运行,提高效能的过程。美好课堂更需要规范化和精细化管理进行支撑,才能让学生在课堂中真正感受美、体验美、享受美。感受美,才能使课堂拥有显著的教学成果。

一、规范日常教学管理制度

我们通过制定备课、上课、作业与辅导、考试与命题制度,确保教学和教研的秩序和质量。进而提高课堂教学的有效性,稳定并提高教学质量。

(一) 备课

我们认为备课需要遵循七项原则,分别是针对性原则,即根据学生实际情况,如身心特点、智力水平、情感特征等进行备课。系统性原则,即充分理解教材编排的意图,保持知识传授的完整和学习过程的连贯,循序渐进,形成螺旋式上升的态势。前瞻性原则,即教学的内容和方法要充分考虑到对学生的终身学习产生有利影响。灵活性原则,即设计教学过程时,要充分考虑各种变数,相应地要考虑一些对策,不能让课堂教学受制于教案,在撰写教案时,应该给自己留有灵活应变的余地。集体性原则,即应注重备课组集体备课,汇集众人的智慧共同备好课。独创性原则,即在加强集体备课,共享资源的同时,不但要注重共性,取长补短,也要注重个性,针对所任班级学生情况设计教案。规范性原则,即在撰写教案时,在格式和内容上要有一定的规范性。格式根据不同学科、不同的习惯可以有所变化。

教案的内容一般应包括以下几方面:课题、课型、教学目标、教学重点和难点、教学课时、教具准备、板书设计、教学过程、作业安排、教学后记等内容。其中教学过程应细化为:基本教学步骤、教学内容安排、教师活动内容、学生活动内容、设计理念等。在教案中应重视作业布置环节。作业数量适当,选题精当,难易适度,注重分层,突出训练重点。

我们根据学校教师的特点,在教案撰写采用以手写教案＋电子教案相结合的方式。任教不到 5 年(包括 5 年)的新教师全部手写教案;5 年至 10 年(包括 10 年)的教师手写教案为总课时的 1/2(包括一定数量的复习课),其余教案可采用电子教案;10 年以上的教师手写教案为总课时的 1/3(新授课),其余教案可采用电子教案。

对于备课质量的检查,我们主要通过教导处定期对备课组活动进行检查、反馈。其次,每个学期我们会组织 1—2 次全校教案普查,由教导处主责、教研组长组织落实,平时进行组内互查和个别抽查,按照一定的标准评定等第,并作为教师的考核依据之一。教案检查中发现的优点长处、存在的问题,我们会通过定期的教学例会进行集中的反馈,对个别教师备课中出现的问题,由教导处和教研组长负责与其个别交换意见。校长、教导处主责和教研组长则经常性地深入课堂进行听课、评课,了解教师的备课情况。

在教案评价方面,我们制定了教案评价标准,主要由教研组长每学期检查 2 次,教导处有关领导抽查,按质量分为 ABCD 四档。(见表 6-3-1、表 6-3-2)

表 6-3-1　教案评价标准表

评价项目	评 价 标 准
教案数量 (一课一教案)	A:教案课时数充足(备有提前 1—2 周的量) B:教案课时数欠充足(不缺教案但没有提前量或提前量不足 1 周) C:教案课时数不足(缺 1—2 篇) D:教案课时数严重不足(缺 3 篇及以上)
教案内容	A:内容齐全(课题、目标、重难点、教法与教具、教学过程、作业布置与板书设计、教后反思等完整) B:内容基本齐全,缺项数不超过 1 个 C:内容不完整,有 2 个以上缺项 D:内容很不完整,有 3 个以上缺项
教学过程	A:教学过程完整,环节设计合理并标注时间,充分考虑学情,信息量适宜 B:过程较为完整,能考虑学情设计过程 C:教学过程设计简单或重要教学环节设计缺失 D:教学过程过于简单、有错误或明显使用他人教案且未做修改
活动设计	A:活动形式多样,目的明确,精讲巧练且有预设 B:学生参与面较广,有较为明确的活动过程,训练目的有一定的达成度 C:缺乏师生双边活动的设计,或活动设计单调,与教学内容不符 D:没有学生活动的设计

评价项目	评　价　标　准
板书设计	A：重点清楚,版面分配合理,有色彩区分,美观悦目 B：重点清楚,内容完整 C：板书过于简单或凌乱,没有进行合理布局 D：教案中没有板书设计
作业布置	A：分层作业,针对性强,突出本课重点、难点;教师试做认真且详细 B：统一作业,作业量适中,反映了教学内容;教师试做但较简单 C：作业布置目的性欠缺,作业量过大或过少,教师没有试做作业 D：没有作业布置
教后反思 (提前备的教案 不检查反思)	A：反思认真,并有体会归纳 B：反思流于形式,思考欠深入 C：反思过于简单、流于应付 D：无教后反思
综合评价	A：前几项获 A 档数量大于等于 5 项,无 C、D 档 B：前几项获 A、B 档数量总和大于等于 5 项,无 D 档 C：前几项获 A、B、C 档数量总和大于等于 5 项 D：前几项获 A、B、C 档数量总和小于 5 项

表 6 - 3 - 2　教案检查表

检查日期　　　　　　　检查人

教师 姓名	任教 年级	教案 数量	教案 内容	教学 过程	活动 设计	板书 设计	作业 布置	教学 反思	综合 评价

注：① 档次分为 4 档,分别为 A、B、C、D,A 为最好,B 为较好,C 为一般,D 为需努力。
　　② 每次检查后,教导处主要抽查综合评价获得 A 档和 D 档的教案。

(二) 上课

在上课环节,我们主要制定了教学常规和课堂教学过程的具体要求。在教学常规方面,我们要求教师应准时上下课、不拖堂、不擅自调课、缺课、放课,不无故停学生课;教师进入课堂不携带手机或关闭手机;课间操、眼保健操由当堂任课教师负责管理;在专用场地、专用教室授课的班级任课教师和学生都应在正式上课铃响前进入相关地点,做好课前准备;严禁出现体罚或变相体罚的现象。

在教学过程方面,我们要求充分发扬教学民主,尊重学生的人格尊严,以科学、理性的态度对待学生的差异,力争每一个学生都能在原有的基础上有所提高;在教学过程中,不仅要有系统、有选择、有针对性地传授知识,更要有积极开展学法指导,帮助学生掌握学习的方法,养成良好的学习习惯;建立和谐融洽的师生关系。教师应鼓励学生质疑提问,为学生思考、探索、发现和创新提供具有开放性和选择性的空间;注重教学环节的科学设计,并能合理分配教与学的时间,注重讲练结合,要给予学生足够的练习时间;灵活运用各种媒体,丰富教学手段。教学手段的选用要从教学效果出发,在取得相近的教学效果前提下,教学手段则越简单越好;教师应关注学生之间存在的差异性,尽可能兼顾到每一个学生。

(三) 作业与辅导

在作业设计方面,我们要求各教研组要统一学科的作业格式;作业要切实提高"四个率":统一率、交齐率、订正率、批改率;作业内容的选择要有科学性和针对性,注重分层设计且作业量要适度(单科回家作业一般应控制在 20—30 分钟之间),各学科教师要主动协调班级的整体作业量,不要使学生作业负担过重;作业批改要认真仔细,反馈要及时,订正要落实;作业检查定期由备课组长互查,每学期 2 次,教导处抽查。

在作业辅导方面,我们要求教师必须深入钻研、全面了解学生,以热情、耐心的态度辅导学生,做到循循善诱;教师必须热爱学困生,正确对待学困生,鼓励学困生树立学习信心,坚决反对任何厌恶、排斥、歧视、放弃学困生的做法;重视课外活动和班队活动的辅导。活跃学校生活,对于促进学生身心健康,开拓知识视野,培养动手能力,全面提高综合素质具有重要作用;辅导学生应面向全体学生,注意因材施教,不断提高辅导质量。(见表 6 - 3 - 3)

表6-3-3　学生作业批改检查表

检查时间：　　　　　　检查人：

序	教师姓名	班级	格式标准	批改情况	订正情况	分层比例	作业量	总分
1								
2								
检查情况汇总：								
改进意见								

说明：
① 格式标准、批改情况、订正情况三项填优3分，良2分，一般1分。
② 分层比率≥60%为3分，≥50%为2分，≥40%为1分，不到40%不给分。
③ 作业量一项若作业量适宜得3分，稍多或稍少得2分，过多或过少得1分。

（四）考试与命题

我们规范了学校在命题、审题、阅卷、质量分析和试卷讲评的要求。在命题方面，我们要求命题应以基础为主，考查学生的基本知识和基本技能，以及灵活运用知识的能力，各命题负责人要按照年级组学情，把握好教材内容；命题不得超出教学大纲所规定的知识范围，要有一定的广度，要适当体现分层，不出偏题、怪题，难题尽量少出，命题难易度按8:1:1；试卷要配备相应的参考答案及评分标准，试卷统一标注为"＊＊学年第＊学期＊年级＊＊考试"；试卷全部采用打印稿，要注明命题人、审题人。

审题方面，我们要求考试内容符合课程标准要求，符合阶段教学重点；审题人依据双向细目表对照试题、答案，检查有无遗漏的标识。如有无呈现答案的现象，有无缺空的现象，等等。

阅卷方面，我们要求凡学校组织的期中、期末考试，由教导处组织集体流水阅卷，试卷呈保密装订状态。为确保阅卷工作的严肃性，不允许教师在阅卷过程中查阅学生答题、班级、姓名等情况。各阅卷组要根据学校的要求保质保量按时完成任务；阅卷必须客观、公正，严格掌握评分标准。教师个人不得擅自改动试卷考分。如有差错，要改考分，必须由教研组长签名同意；评阅试卷一律采用加分（记得分）的方式。可以在具体的采分点上标明扣除分数，以指明学生的答题错误，书写批分要明确、清晰。在阅卷过程中分数有改动的，要阅卷教师签字负责。

质量分析与试卷讲评方面，我们要求每位教师在期中、期末考试后认真完成质量分析，分析所任教班级的各项命题的得分率，明确阶段教学的闪光点、薄弱点；各备课组在规定时间内统计好本学科本年级的平均分、及格率、优良率等各项数据，并分析本年级得分情况，做好质量分析表上交教导处；每次期中、期末考试后，由教导处在校教职工大会上作质量分析。各年级组质量分析由年级组长主持，各任课教师参与，进行年级质量分析；教师应认真撰写试卷讲评课教案。讲评要突出共性、重点、方法；讲评试卷要及时，引导学生从自己的试卷中发现问题，寻求方法；试卷讲评结束，教师检查学生订正情况，查漏补缺。

二、完善教研组建设与备课组建设

学校教学质量的提升关键在教研组和备课组的建设，完善教案组和备课组建设也是诠释并落实学校美好课堂的重要途径。

（一）教研组建设

我们的教研组建设是以校为本的教学研究制度，在教学中发现问题、探究问题、解决问题是教研组工作的教学制度的特征。教研组建设应以课堂教学为核心，形成浓厚的学术研究风气。

为此我们明确了教研组的职责，确定了教研组建设的内容。我们要求教研组要加强对备课组的备课工作的领导、检查与指导，讨论、解决各备课组中出现的各种业务问题和教材、教法等问题。教研组活动要有固定的时间和地点，一般每两周或者每月一次教研活动，每学期保证四至六次，每次活动都要有主题有内容。活动内容可开展如轮流组织备课、说课、听课、评课,针对不同的课题,开展理念的学习、备课的磋商、教学的探讨、作业的评比等。教研组应结合学科发展要求积极开展课题研究,保障组内至少拥有一个科研课题。

教研组长要组织本学科教师业务进修学习,包括教育理论、教学方法及先进的教学经验等,以提高老师的教学能力和业务水平。教研组长指导教师钻研教材,落实新教师的传、帮、带工作;检查教师教学常规的情况,经常了解学生对本学科和任课教师的意见和建议。教育组长应积极安排第二课堂、学科竞赛、学习讲座、课外活动等。以提高学生对本学科的学习兴趣和学习积极性,教研组长落实各年级本学科的作业规范、作业量,教师研究命题原则,保证试卷的质量,组织流水阅卷,认真做好本学科教学质量分析和反馈调控。教研组长对各备课组命题的试卷有最后的审定权。教研组要对本学科所属实验室进行指导和管理。教研组长对本学科的教师聘用、安排有提出建议的权利。

(二) 备课组建设

我们在有两人以上、任同一年级同一学科教学的教师中,设置备课组,并由其中一位教师担任备课组长。备课组要定期进行备课组活动,随时交流教学中的情况,针对教学中存在的问题,一起商讨采取必要的措施。备课活动应每周一次,有固定的时间并认真做好活动记录。备课组集体备课要求做到"四统一":教学内容统一、进度统一、要求统一、作业统一。在此基础上,教师根据自己教学的风格特点和教学对象编写好教案。学校每学年评选一次好备课组,并予以奖励。

备课组长在区教研室和教研组长的领导下开展备课组活动,同时为教研组的建设积极地出谋划策。备课组长应根据本学科教学大纲及区教育学院的要求,在每学期初制订教学计划,安排好教学进度,以保证本备课组在教学上的同步与协调。备课组长组织进行本组学科竞赛和开设讲座,落实公开教学的备课、听课、评课的组织工作,负责组织阶段性考查或考试命题,组织期中、期末考试的流水批卷,上报质量分析等。备课组长要积极带领成员参加市、区教育学院组织的各项教研活动,认真落实上级布置的工作,如实签到,不无故缺席,不迟到、不早退。备课组长每学期至少听取本组每位教师一堂课,以了解情况;协助教研组长检查教学常规落实情况。

三、美好课堂的评价标准

美好课堂评价是对教师课堂教学效果的评价,遵循以课程标准为依据,落实学科核心素养的总体原则,对教师课堂教学的过程与结果进行判断的教学活动,以此提升教师教学能力,提高课堂教学效果,触发教师对课堂的深刻思考。

(一)美好课堂评价的原则

我们认为美好课堂首先是凸显学科育人价值的课堂。学科核心素养是学科育人价值的集中体现,美好课堂关注学生的学习体验,关注学生通过学科学习而逐步形成的正确价值观念、必备品格与关键能力。因此,美好课堂教学评价的立足点是要落实其学科核心素养,体现学科课程如何培育学生核心素养,彰显学科的育人价值。

其次,美好课堂应是基于学科课程标准课堂。美好课堂评价不仅要落实学科核心素养,同时还要基于学科的课程标准。主要体现在教学目标基于标准、教学内容基于标准和教学评价基于标准三个方面。

教学目标在教学活动中处于核心位置,它决定教学行为,也是教学评价的依据,对教学起到调控的功能。美好课堂的教学目标的确立依据为课程标准,根据标准落实学科教学的目的、任务、内容及基本要求。

教学与目标最终应逐层体现和融入课堂学习活动内容之中,美好课堂要通过将具体的学习活动内容与相应的学科课程内容、单元教学内容建立起结构性的关联。

课程标准同样也是美好课堂评价的标尺。在美好课堂教学的实施过程中,教师应依据课程标准和学生年龄特征,合理地设计学习活动评价的目标、内容及评价方式。

(二）美好课堂评价的内容

我们认为美好课堂评价的内容应包含以下几个方面：教学目标与内容的匹配性；教学目标与学情的适配性；教学重难点设计的合理性；教学内容设计的适切性；语言和表述的规范性；教学方式的多样性；课堂调控的把控性；教师学科水平的专业性；师生关系的融洽性；作业设计的合理性；技术运用的合理性。

（三）美好课堂评价的维度建议

1. 教师教学清晰。包括准确理解、解释学科基本概念；将抽象的概念转换成学习活动；有系统、有条理、由简到繁地呈现教学内容；将新、旧知识相联系；提供多种实例和证据，帮助理解、印证核心内容；课堂中设计有意义的练习；适时小结或概括学习要点。

2. 引导学生学习。包括创设与生活相联系、有兴趣的情境；给予大多数学生成功的经历，起到激励学习的作用；运用3种及以上教学方法；提供80%以上学生参与学习活动的机会；组织和促进学生合作学习、生生互动；选用合适的媒体资源；问题明显呈示，表达清楚，指向明确；提出与学生认知水平相吻合的开放式问题；留出适当的待答时间；对不同学生的答问给予有区别的理答，不是笼统的评语。

3. 师生有效沟通。包括音量足够，吐字清晰，抑扬顿挫；用学生都能理解的语言文字，解释学科概念；以不同方式呈现教学内容时全班都能看到、听到；用适当的眼神、表情、手势、移动位置等促进与学生的沟通；倾听学生表达，不随便打断；鼓励学生提问、质疑；关注到班级全体，对个别学生的特殊学习状态，有建设性的反馈。

4. 课堂环境管理。包括以和善的表情和亲切的口吻与学生互动；以幽默、机智带动轻松愉快气氛；激发小组与团队的荣誉感；善于发现良好行为并给予奖励，对不当行为妥善处理；安排座位符合教学活动需要；结合教学内容，利用图片、图表、标本、模型或学生作品等布置教室环境。

5. 教学目标达成。包括依据课程标准确立教学目标；依据教学目标设计教学活动和课后作业；巧妙连接教学活动，维持流畅的教学节奏；利用走动、察看等方式，督促学生积极学习;导课不拖沓,下课不拖堂;设计多样的反馈方式,了解学生教学目标达成状况;对有特殊需要的学生给予及时的帮助;大多数学生用心学习,专注于学习活动;大多数学生能理解并运用所学的概念和技能;学生能对学习内容与学习活动的价值,作出合理的解释。

后 记

　　《美好教育：学校内涵发展的循证研究》是学校基于"上海市百所公办初中强校工程实验校"背景,由上海市教育科学研究院杨四耕老师指导,对学校"美好教育"理念下学校的内涵发展进行了系统的梳理,围绕"学校管理、文化建设、师资建设、德育工作、课程开发、课堂变革"等方面进行了总结而编写的一本著作。

　　全书从学校整体发展的角度出发,立足校情,通过"美好管理、美好校园、美好团队、美好德育、美好课程、美好课堂"六个章节,较系统地呈现了"贯彻市教委《关于实施百所公办初中强校工程的意见》文件要求、对接'中考新政'、优化学校办学机制、巩固学校办学成果、明确学校发展方向、凸显学校办学特色、提升学校文化品位"等方面的思考、研究和实践。

　　本书由上海市特级校长张晓明领衔撰写,感谢薛润华、钱杰、徐波清、金鑫、陆琦、彭驰等教师为本书提供了有效资料。

　　《美好教育：学校内涵发展的循证研究》是学校在"强校工程"的路上,实施"美好教育"内涵建设的阶段性成果,汇聚了学校多年发展经验,尤其是近一年半来学校在理念、管理、师资、课堂、课程,以及文化建设等各个方面的实践经验和成果,体现了学校"让每一个孩子学会过美好生活"的办学宗旨,体现了创建"美好教育"的教育智慧,在此感谢学校相关教师的默默耕耘和潜心付出,也感谢各级领导和专家的专业指导。

　　《美好教育：学校内涵发展的循证研究》虽已出版,学校的内涵建设依然在路上,我们将继续围绕"四个明显提升"的初中强校工程目标,实现"美好教育"落地生根,坚持"精准施策、注重内涵、提升质量"的办学策略,使包头中学最终成为一所"能让学生有美好记忆的学校"。

　　"美好教育",学校内涵发展的循证之魂。

上海市包头中学校长　张晓明

2020 年 8 月

教师专业发展的理论与实务	978 - 7 - 5760 - 0721 - 3	42.00	2021 年 2 月
课堂教学的 30 个微技术	978 - 7 - 5760 - 1043 - 5	52.00	2020 年 12 月
教学诠释学	978 - 7 - 5760 - 0394 - 9	42.00	2020 年 9 月
原点教学：提升区域育人质量的策略研究			
	978 - 7 - 5760 - 0212 - 6	56.00	2020 年 8 月
聚焦学科核心素养的课堂教学	978 - 7 - 5675 - 8455 - 6	36.00	2018 年 11 月
指向学科核心素养的课堂教学范式			
	978 - 7 - 5675 - 8671 - 0	54.00	2019 年 6 月

学校课程发展丛书

数学学科课程群	978 - 7 - 5675 - 9445 - 6	58.00	2019 年 8 月
科学学科课程群	978 - 7 - 5675 - 9593 - 4	34.00	2019 年 9 月
核心素养与课程设计	978 - 7 - 5675 - 9462 - 3	46.00	2019 年 9 月
语文学科课程群	978 - 7 - 5675 - 9441 - 8	56.00	2019 年 9 月
品牌培育与学校课程	978 - 7 - 5675 - 9372 - 5	39.00	2019 年 9 月
英语学科课程群	978 - 7 - 5675 - 9575 - 0	39.00	2019 年 10 月
体艺学科课程群	978 - 7 - 5675 - 9594 - 1	34.00	2019 年 10 月
跨学科课程的 20 个创意设计	978 - 7 - 5675 - 9576 - 7	34.00	2019 年 10 月
学校课程与文化变革	978 - 7 - 5675 - 9343 - 5	52.00	2019 年 10 月

品质课程实验研究丛书

学校课程框架的建构：HOME 课程的旨趣与架构			
	978 - 7 - 5675 - 9167 - 7	36.00	2019 年 9 月

聚焦育人目标的课程设计:红棉花季课程的愿景与追求

　　　　　　　　　　978 - 7 - 5675 - 9233 - 9　　39.00　　2019 年 10 月

核心素养导向的课程设计:花园式课程的文化与聚焦

　　　　　　　　　　978 - 7 - 5675 - 9037 - 3　　48.00　　2019 年 10 月

学校课程文化的实践脉络:百步梯课程的逻辑与架构

　　　　　　　　　　978 - 7 - 5675 - 9140 - 0　　48.00　　2019 年 11 月

学校课程发展策略:SMILE 课程的逻辑与深度

　　　　　　　　　　978 - 7 - 5675 - 9302 - 2　　46.00　　2019 年 12 月

聚焦内涵发展的课程探究:芳香式课程的理念与实施

　　　　　　　　　　978 - 7 - 5675 - 9509 - 5　　48.00　　2020 年 1 月

以儿童为中心的课程:欢乐谷课程的旨趣与维度

　　　　　　　　　　978 - 7 - 5675 - 9489 - 0　　45.00　　2020 年 1 月

学校课程体系的建构:"小螺号课程"的架构与创生

　　　　　　　　　　978 - 7 - 5760 - 0445 - 8　　45.00　　2020 年 9 月

聚焦儿童发展的课程范式:暖记忆课程的理念与实施

　　　　　　　　　　978 - 7 - 5760 - 0580 - 6　　38.00　　2021 年 3 月

特色学校聚焦丛书

每一个孩子都是一棵树　　　　978 - 7 - 5675 - 6978 - 2　　28.00　　2018 年 1 月

教育不是一个人的事:"众教育"36 条

　　　　　　　　　　978 - 7 - 5675 - 7649 - 0　　32.00　　2018 年 8 月

不一样的生命,一样的精彩　　978 - 7 - 5675 - 8675 - 8　　34.00　　2019 年 3 月

童味正醇:特色学校的文化图谱　978 - 7 - 5675 - 8944 - 5　　39.00　　2019 年 8 月

特色普通高中课程建设探索　　978 - 7 - 5675 - 9574 - 3　　34.00　　2019 年 10 月

儿童是天生的探索者:360°科学启蒙教育

　　　　　　　　　　978 - 7 - 5675 - 9273 - 5　　36.00　　2020 年 2 月

做精神灿烂的教师:教师自我成长的 5 个密码

	978 - 7 - 5760 - 0367 - 3	34.00	2020 年 7 月
让教育温暖而芬芳	978 - 7 - 5760 - 0537 - 0	36.00	2020 年 9 月
快乐教育与内涵生长	978 - 7 - 5760 - 0517 - 2	46.00	2020 年 12 月
故事教育与儿童发展	978 - 7 - 5760 - 0671 - 1	39.00	2021 年 1 月

美好教育:学校内涵发展的循证研究

	978 - 7 - 5760 - 0866 - 1	34.00	2021 年 3 月

跨学科课程丛书

大情境课程:主题设计与创意评价

	978 - 7 - 5760 - 0210 - 2	44.00	2020 年 5 月

社会参与素养的培育模型与干预机制

	978 - 7 - 5760 - 0211 - 9	36.00	2020 年 5 月

大概念课程:幼儿园特色主题活动设计

	978 - 7 - 5760 - 0656 - 8	52.00	2020 年 8 月

核心素养导向的课堂教学丛书

漾着诗性智慧的课堂教学	978 - 7 - 5675 - 9308 - 4	39.00	2019 年 7 月

转识成智的课堂教学:核心素养导向的历史教学

	978 - 7 - 5760 - 0164 - 8	40.00	2020 年 5 月

学导式教学:学会学习的教学范式

	978 - 7 - 5760 - 0278 - 2	42.00	2020 年 7 月
高阶思维教学的关键技术	978 - 7 - 5760 - 0526 - 4	42.00	2021 年 1 月

特色课程建设丛书

教师，生长的课程　　　　　　978 – 7 – 5760 – 0609 – 4　　34. 00　　2020 年 12 月

学校课程发展的实践范式　　　978 – 7 – 5760 – 0717 – 6　　46. 00　　2020 年 12 月

丰富学习经历：如歌式课程的愿景与深度

　　　　　　　　　　　　　　978 – 7 – 5760 – 0785 – 5　　42. 00　　2020 年 12 月